Orientierungshilfen

Sascha Büttner

Orientierungshilfen

Handreichungen für ein gelingendes Leben

Bibliografische Information der Deutschen Nationalbibliothek:
Die Deutsche Nationalbibliothek verzeichnet diese Publikation in der Deutschen Nationalbibliografie; detaillierte bibliografische Daten sind im Internet über http://dnb.dnb.de abrufbar.

Umschlag: Sascha Büttner
Text und Gestaltung: Sascha Büttner

Herstellung und Verlag: BoD – Books on Demand, Norderstedt

ISBN: 978-3-7578-0845-7

Die gute Beratung des Menschen

«Gegen den Positivismus, welcher bei dem Phänomen stehen bleibt ‚es giebt nur Thatsachen‘, würde ich sagen: nein, gerade Thatsachen gibt es nicht, nur Interpretationen. Wir können kein Factum ‚an sich‘ feststellen: vielleicht ist es ein Unsinn, so etwas zu wollen.»[1]

[1] Friedrich Nietzsche: Nachgelassene Fragmente Ende 1886 - Frühjahr 1887. Kritische Studienausgabe Band 12. München 1980, S. 315.

*Gute Orientierungshilfen versuchen tiefgründige
Weisheit oder Erkenntnisse zu vermitteln, indem sie
das rationale Denken herausfordern. In diesem Sinne
bemühe ich in diesem kleinen Bändchen das Format
des Koan. Garniert habe ich die Sammlung an Rätseln
und Anekdoten und Weisheiten mit Haibuns und
Haikus.*

*Die Orientierungshilfen greifen aktuelle Fragen zum
privaten und beruflichen Glück auf.*

Die Antworten ruhen in Dir selbst.

01

Ein Schüler fragte seinen Meister: Meister, was ist wichtiger – das Sein oder die Zeit?

Der Meister lächelte und antwortete: Das Sein ist wie eine Welle im Ozean, die kommt und geht. Die Zeit ist wie der Wind, der sie treibt. Wie können wir sagen, was wichtiger ist, wenn sie beide Teil desselben unendlichen Kreislaufs sind?

02

Ein verzweifelter Schüler fragte seinen Meister:
Meister, wie kann ich dem Schrecken des Seins
entfliehen?

Der Meister antwortete: Das Schreckliche am Sein sind
nicht die Umstände oder die Tatsachen an sich,
sondern unsere Reaktion darauf. Wenn wir es zulassen,
dass der Schrecken uns beherrscht, werden wir ihm
niemals entkommen können. Doch wenn wir lernen,
ihn zu akzeptieren und ihn als Teil unseres eigenen
Seins anzunehmen, dann können wir daran wachsen
und uns selbst finden.

03

Ein Schüler fragte seinen Meister: Meister, wie kann ich ein erfülltes Leben führen?

Der Meister antwortete: Du wirst lernen, dein Leben als Rhizom[2] zu betrachten. Das Rhizom ist eine Pflanze, die sich horizontal ausbreitet und in alle Richtungen wächst. Es hat kein Hauptstamm und keine Hierarchien, sondern besteht aus vielen kleinen Wurzelsträngen, die miteinander verbunden sind.

---

[2] S. a. Sascha Büttner, das Zeitalter der Ziege, BoD, 2023
S. a. Gilles Deleuze, Félix Guattari, Rhizom, Merve, 1977
S. a. Gilles Deleuze, Félix Guattari, Tausend Plateaus, Kapitalismus und Schizophrenie, Merve, 1992

04

Nur im Sein können wir die Schönheit des Lebens wirklich erfahren.

05

Der Buddha sprach von der Unbeständigkeit des Seins
und ermutigte seine Schüler dazu, Achtsamkeit zu
üben, um die Natur des Seins zu verstehen.

06

Ein Schüler erschien eines Tages bei seinem Meister und verzweifelte daran, sich in der Meditation[3] einen ruhigen Geist zu verschaffen. Der Meister führte den Schüler in den Garten, wo ein großer, mächtiger Baum[4] stand.

Schau genau auf diesen Baum, sagte der Meister. Er steht fest und stark – seine Wurzeln reichen tief in die Erde, und seine Krone strebt dem Himmel entgegen. Er bleibt auch bei Sturm und Regen standhaft.

---

[3] Kurzanleitung zur Meditation: Nimm Dir Zeit für dich, sorge dafür, dass Du nicht gestört wirst. Setze Dich bequem hin, halte die Klappe und achte auf deinen Atem. Wenn es für Dich passt, beende die Meditation. Es kommt nicht darauf an, wie lange Du meditierst, sondern dass Du meditierst. Wenn Du gefallen an der Meditation findest, kannst Du dich mehr und mehr disziplinieren (Zen) und die Zeit des Stillsitzens ausdehnen.

[4] Der Baum symbolisiert die Entwicklung des Menschen und die Verbindung zwischen Himmel und Erde. Der Baum steht für das Wissen («Wissensbaum», «Baum der Erkenntnis») und als Symbol der Weltachse («Weltenbaum»). Im Brauchtum kennen wir den Maibaum wie den Weihnachtsbaum. In den Orientierungshilfen findet sich sehr häufig der Baum als Metapher und Symbol.

07

Ein Meister und sein Schüler saßen am Ufer eines Flusses und beobachteten die Natur. Plötzlich bemerkten sie einen alten Baum, dessen Stamm offensichtlich abgestorben war, aber dessen Äste übersät mit frischen grünen Blättern waren. Der Schüler war erstaunt und fragte seinen Meister: Wie kann das sein, dass ein offenbar toter Baum noch immer Leben hervorbringt?

Der Meister lächelte und antwortete: In der Welt gibt es immer Falsches, aber das hindert das Richtige nicht daran, sich durchzusetzen. Was für uns falsch erscheinen mag, kann für das Richtige den Raum schaffen, um zu gedeihen. Es ist die Balance, die sich in allem zeigt.

08

Eines Tages kamen zwei Schüler zu ihrem Meister und fragten ihn: Meister, was bedeutet es, wirklich nackt zu sein?

Der Meister lächelte und führte die beiden Schüler zu einem nahegelegenen See. Er zog seine Kleider aus und ging ins Wasser.[5]

---

[5] Eine Übung im Coaching lautet: *Des Kaisers neue Kleider*. Die Übung basiert darauf, dass Du dir vorstellst, all die Zuschreibungen, Vorurteile und Klischees, die Du dir selbst angelegt hast, oder die Dir von deinem Umfeld angelegt wurden, nacheinander abzulegen, wie Kleidungsstücke, bis Du vollkommen «nackt» bist. Bitte gehe behutsam und liebevoll mit Dir um, wenn Dir die Frage kommt, wer Du dann, ganz *nackt*, bist.

09

Ein Meister tanzte eines Tages voller Hingabe und Leidenschaft im Kreis seiner Schüler. Die Schüler beobachteten den Meister, dessen Bewegungen sowohl kraftvoll als auch anmutig waren, und fragten verwundert: Meister, obwohl ihr in Bewegung seid, scheint ihr völlig ruhig und in Frieden zu sein. Wie erreicht ihr diese innere Ruhe inmitten der Aktivität?

Der Meister hielt inne, lächelte und antwortete: Die Ruhe liegt nicht darin, die Bewegung zu stoppen, sondern darin, ganz im Hier und Jetzt präsent zu sein, ohne sich von Gedanken und Sorgen mitreißen zu lassen. In der Bewegung findet ihr die Ruhe, indem ihr euch ganz ihr hingebt und das stille Zentrum eures Wesens entdeckt.

10

Schnee fällt sanft nieder
Stille deckt die Welt in Weiß
Winterschlaf beginnt

11

Ein Kaiser, der Rat und Weisheit von einem Weisen
suchte, besuchte ihn in seiner Klause und fragte:
Meister, ich habe gehört, dass ihr mir beibringen
könnt, wie man gut regiert. Ich bitte euch, teilt eure
Weisheit mit mir.

Der Weise lächelte, brachte dem Kaiser Tee und stellte
die Teetasse vor ihn hin. Statt den Tee einzuschenken,
begann er dem Kaiser von den Vögeln, Bäumen und
Blumen im Garten seiner Klause zu erzählen.

12

Aufgeregt betrete ich die Schmiede, in der ein großer Meister mich unter seine Fittiche genommen hat. Er ist bekannt für seine Fähigkeit, Messer aus Damaszenerstahl zu schaffen – ein Material von Mythen und Legenden umwoben, das seinen Ursprung in fernen Ländern hat. Hier, zwischen Funken, Feuer und Meisterwerken, soll auch ich mein erstes Messer erschaffen.

Die Hitze umschlingt mich förmlich, als der Meister den gesprenkelten Stahl in die züngelnden Flammen der Esse hält. Ich betrachte die feinen Linien, die sich in der Glut zu verschmelzen scheinen, neugierig darauf, wie sie sich später in der Klinge offenbaren werden. Seine ruhigen, selbstbewussten Bewegungen zeigen mir den Weg.

Es ist mein eigener Hammer, der nun auf den Stahl trifft, der sich langsam in die Form eines Messers verwandelt. Der Meister steht an meiner Seite, korrigiert meine Technik und lehrt mich, mit Geduld und Sorgfalt zu schmieden. Mit jedem Schlag – jedem Funken, der in die Dunkelheit fliegt – begreife ich, dass dies nicht nur das Schmieden von Metall ist, sondern das Schmieden meiner eigenen Fähigkeiten und meiner Haltung.

Als die Klinge langsam Gestalt annimmt und die feinen Muster des Damaszenerstahls schließlich zum Vorschein kommen, erkenne ich die Schönheit und

Beständigkeit, die in dieser Schöpfung wohnen. In meinen Händen liegt nun das Ergebnis harter Arbeit, Hingabe und meines Willens, von dem großen Meister zu lernen. Und während ich ihm dankbar in die Augen blicke, weiß ich, dass nicht nur Stahl und Schmied hier miteinander verschmolzen sind, sondern auch Meister und Schüler auf einer tiefen, unaussprechlichen Ebene.

13

Ein Warlord, bekannt für seine grausamen Feldzüge, besuchte eines Tages einen Dude[6]. Meister, sagte der Krieger, ich habe viele Länder erobert und Feinde besiegt. Kannst du mich lehren, wie ich Frieden finde?

Der Dude lächelte und bat den Krieger, sich neben ihm zu setzen. In einem Tontopf vor ihnen befanden sich drei Steine. Nimm einen Stein aus dem Topf, wiege ihn in deiner Hand und leg ihn wieder zurück, forderte der Dude ihn auf. Der Krieger tat, wie ihm geheißen.

Der Dude sagte: Jetzt nimm einen anderen Stein und tue dasselbe. Wieder tat der Krieger, wie ihm geheißen. Schließlich forderte der Dude ihn auf, dies ein drittes Mal zu tun.

Meister, was hat das alles mit dem Frieden zu tun?, fragte der Warlord, ungeduldig darauf wartend, etwas über das Geheimnis des Friedens zu erfahren.

---

[6] S. a.: Jeff Bridges, Bernie Glassman, der Dude und sein Zen-Meister, Bastei Lübbe Verlag, 2014
S. a.: Sascha Büttner (Hrsg.), Radical Dude Society, BoD, 2020.

14

Wildbiene summt leis
Buschwerk tanzt im Sonnenlicht
Natur im Gleichklang

15

Ein Suchender begab sich zu einem weisen Menschen und fragte: Meister, ich suche das Verständnis des wahren Seins. Wie finde ich es?

Der Weise führte den Suchenden zu einem nahegelegenen Fluss[7] und sagte: Schaue in das Wasser, es fließt stetig und unaufhörlich. Jeder schimmernde Tropfen, der flussabwärts gleitet, wird für immer verschollen sein und doch wird das Sein, das Wasser, fortwährend bleiben. Beobachte die Flüsse deines Geistes. Sie fließen ebenso wie das Wasser, immerwährend wechselnd und dennoch stets im Sein verankert.

---

[7] Der Fluss ist ein Symbol für Zeit und Vergänglichkeit, aber auch für ständige Erneuerung und Beständigkeit. Eine gängige Redensart lautet «Man steigt nur einmal in denselben Fluss». In diesem Sinne taucht das Symbol des Flusses in den Orientierungshilfen viele Male auf.

16

Ein junger Rebell kam zu einem alten Weisen und sprach: Meister, ich sehe die Ungerechtigkeit in der Welt und träume von einer Revolution, die alles verändert. Wie kann ich die Welt zu einem besseren Ort machen?

Der alte Weise lächelte und sagte: Du möchtest eine Revolution entfachen, um die Welt zu verändern. Doch die wahre Revolution beginnt im Inneren. Fahre fort, nach Gerechtigkeit zu streben, aber verändere dich selbst zuerst. Sei wie der Wind, der sanft durch den Wald weht – stark genug, um für Gerechtigkeit zu kämpfen, aber flexibel genug, um den Wandel zu umarmen.

17

Ein Gärtner ging zu einem Weisen und sagte: Meister, ich arbeite täglich in meinem Garten, um das Gleichgewicht von Nützlingen und Schädlingen zu erhalten. Aber ich werde von Zweifeln geplagt. Wie erkenne ich, was nützlich und was schädlich ist?

Der Weise betrachtete den Garten und antwortete: Gärtner, betrachte die Natur und alles, was darin kreucht und fleucht. Siehst du nicht, wie alles in seinem ewigen Tanz aus Geben und Nehmen miteinander verwoben ist? Was hier nützlich ist, mag dort schädlich sein, und umgekehrt. Suche nicht nach Etiketten, sondern beobachte die Harmonie und die Rolle, die jeder in diesem großen Netz des Lebens spielt. Das Gleichgewicht liegt in der Weisheit des Annehmens und Verstehens der Gegensätze.

18

Ein Schüler kam zu seinem Meister und fragte:
Meister, unsere Gesellschaft ist geprägt vom
grenzenlosen Konsum, dem Streben nach immer mehr.
Doch ich suche Erleuchtung und möchte wissen, wie
ich diesem Verlangen entkommen kann.

Der Meister nahm eine Tasse Tee, füllte sie bis zum
Rand, und goss dann weiter, sodass der Tee auf den
Tisch und den Boden floss. Der Schüler rief: Meister,
die Tasse ist voll! Sie kann nicht mehr aufnehmen!

19

Ein Schüler wanderte ins Silicon Valley, wo er von dem Reichtum und den technologischen Errungenschaften fasziniert war. Er kehrte zu seinem Meister zurück und erzählte begeistert von seinen Erlebnissen.

Der Meister lächelte und sagte: Selbst an einem Ort mit solchem Reichtum und Wissen kann geistige Armut existieren.[8] Wahrer Reichtum ist nicht in der Fülle von materiellen Gütern oder technologischen Fortschritten zu finden, sondern in der Tiefe deines eigenen Geistes und in der Unendlichkeit von Weisheit und Mitgefühl.

---

[8] S. a. Adrain Daub, was das Valley denken nennt, Suhrkamp, 2021.

20

Ein Schüler ging aufgeregt zu seinem Meister und
sagte: Meister, ich habe einen Durchbruch beim
Meditieren erlebt und eine neue Ebene der Erleuchtung
erreicht! Jetzt spüre ich, dass ich bereit bin, andere auf
dem spirituellen Weg zu führen.

Der Meister blickte den Schüler nachdenklich an und
führte ihn zu einem großen Behälter voller Wasser. Er
reichte dem Schüler einen Löffel und sagte: Nimm
diesen Löffel und schöpfe so viel Wasser wie möglich
aus dem Behälter, aber achte darauf, dass kein Tropfen
daneben geht.

21

Ein Schüler kam zu seinem Meister und fragte:
Meister, ich leide unter Begierden. Wie kann ich von
ihnen befreit werden?

Der Meister antwortete: Setze dich unter den alten
Kirschbaum und beobachte seine Blüten, wie sie
entstehen, erblühen und schließlich fallen.

22

Ein Schüler, geplagt von Neid, suchte seinen Meister auf und sagte: Meister, ich fühle ständig Neid auf meine Mitmenschen, die mehr zu haben scheinen als ich. Wie kann ich diesen Neid überwinden?

Der Meister führte den Schüler zu einem großen Steinbruch und wies auf zwei Steine. Der eine Stein war groß und glatt, der andere klein und rau.

Der Meister fragte: Welcher dieser Steine beneidet den anderen?

23

Ein Schüler, der oft von Zorn überwältigt wurde, trat vor den Meister und sagte: Meister, ich werde immer wieder von Zorn ergriffen, und es fällt mir schwer, ihn zu kontrollieren. Wie kann ich meinen Zorn zähmen?

Der Meister nahm ein Blatt Papier und schrieb darauf: *Zorn*.

Er reichte das Blatt dem Schüler und sagte: Zeig mir, wo in diesem Wort dein Zorn liegt.[9]

---

[9] «Zahlen und Worte sind weder Zahlen noch Worte.» (Aus: Kodo Sawaki, Zen ist für nix gut, Kommentare zu Yoka Daishis Shodoka, Angkor, 2016)

24

Ein Schüler, besonders träge im Geist und Körper, sagte
zu seinem Meister: Meister, ich habe Schwierigkeiten,
mich zu konzentrieren und disizipliniert zu arbeiten.
Wie kann ich mich der Trägheit entledigen?

Der Meister antwortete: Sieh auf den Fluss dort
drüben und beobachte dessen Strömung.

25

Ein Schüler, der verwirrt war über das Konzept des Intersein[10], kam zum Meister und fragte: Meister, wie kann ich das Prinzip des Intersein verstehen und in meiner Praxis anwenden?

Der Meister führte den Schüler in den Garten und zeigte ihm eine prächtige Blume. Er fragte: Kannst du sehen, wie diese Blume im Licht der Sonne, der Liebe der Erde und dem Regen, der sie nährt, existiert?

---

[10] Wechselseitiges Verwoben- und Abhängigsein von allem mit allem anderen. «Intersein beschreibt die Lehre des Buddhismus, dass nichts über ein eigenständiges Selbst verfügt, sondern alles mit allem verbunden ist. Wir können nicht aus uns selbst heraus existieren, weil wir mit allem, das existiert verbunden sind. Betrachten wir beispielsweise eine Sonnenblume, dann können wir sehen, dass sie aus Nicht-Blume-Elementen zusammengesetzt ist. So lässt sich der Sonnenschein in ihr finden. Wir können ihn nicht aus der Blume entfernen, denn ohne die Sonne könnte die Blume nicht existieren. Wenn wir weiter in die Blume hineinschauen, dann können wir die Wolken sehen. Ohne Wolken gibt es keinen Regen und ohne Regen könnte nichts auf diesem Planeten wachsen. Also ist es für uns unmöglich, die Wolke aus der Blume zu entfernen.» (Aus: Thích Nhat Hanh, Jeden Augenblick genießen, Theseus, 2004)

26

Ein Schüler, von Habgier geplagt, suchte Rat bei seinem Meister und sagte: Meister, meine Habgier lähmt mich und hindert mich daran, inneren Frieden zu finden. Wie kann ich sie loswerden?

Der Meister führte den Schüler zu einem Teich und warf einen Stein hinein. Die Wasseroberfläche wurde von Kreisen gestört.

27

Ein Schüler, der Probleme mit Völlerei hatte, kam zu seinem Meister und sagte: Meister, ich leide unter Völlerei und weiß nicht, wie ich damit umgehen soll. Wie finde ich die richtige Balance?

Der Meister führte den Schüler zu einem Obstbaum und pflückte eine reife Frucht. Er reichte sie dem Schüler und sagte: Iss diese Frucht und sei achtsam bei jedem Bissen.

28

Ein Schüler, von Wollust verzehrt, trat vor den Meister und sprach: Meister, ich werde von Wollust beherrscht, und es fällt mir schwer, meinen Geist zu befreien. Wie kann ich mich von dieser Schlinge lösen?

Der Meister führte den Schüler zu einer blühenden Wiese, wo zwei Bäume standen, deren Äste sich gegenseitig berührten, jedoch so, dass sie nicht miteinander verwoben waren.

29

Unter der sanften Morgensonne begann ich meine
Wanderung ins Paradies; die ersten Sonnenstrahlen
schenkten warmes Licht und legten den Weg vor mir
frei. Entlang blühender Felder und durch duftende
Wälder schritt ich achtsam, das leise Flüstern von
Bächen und das Tosen des Windes in den Baumkronen
begleiteten meine Reise.

Der Weg führte mich über hohe Berge, deren Gipfel
sich in den Wolken verloren, und durch tiefe
Schluchten, wo das Licht der Sonne Mühe hatte, den
Grund zu erreichen. Scheue Rehe kreuzten meinen Pfad
und sangen das Lied des Lebens.

Am Fuße eines Wasserfalls angekommen, kehrte ich ein
in eine verlassene Hütte. In der Stille des Abends
verweilte ich und lauschte den Klängen der Natur, die
wie ein Gedicht in mein Ohr drangen.

Licht bricht hervor –
Meine Füße tragen mich
hinein ins Paradies

Wandere ich weiter, öffnet sich der Weg, und das Tor
zum Paradies erhebt sich vor mir. Durchschreite ich es,
erkenne ich, dass meine Wanderung niemals endet –
das Paradies ist kein Ort, sondern der ewige Tanz von
Licht und Dunkelheit in meinem Herzen. In der
Schönheit der Natur und in der Erfahrung des Lebens

finde ich Harmonie und Einssein mit allem, was ist und sein wird.

30

Einmal kam ein Schüler zum Hausvater[11] und fragte: Meister, ich wurde gerade zum Koch des metalabors[12] ernannt, aber ich habe wenig Erfahrung in der Küche. Was sind Ihre Anweisungen für mich, um gut zu kochen und den Teilnehmenden gerecht zu werden?

Der Hausvater lächelte nachdenklich und antwortete schließlich: Wenn du kochst, dann sei ganz im Einklang mit dem Vorhandenem. Wasche die Zutaten sorgfältig und schätze die Aromen und Beschaffenheit jeder Zutat. Bereite jedes Gericht mit Achtsamkeit und Hingabe zu und sei dir stets bewusst, dass du nicht nur den Körper, sondern auch den Geist deiner Mitmenschen nährst.

Hebe den Topf, als wäre er dein eigener Kopf; schneide das Gemüse, als wäre es dein eigenes Fleisch. Koche das Wasser, als wäre es deine eigene Leidenschaft, die sich darin auflöst, und entzünde das Feuer, als wäre es dein eigenes Herz, das brennt.

In jedem Moment der Zubereitung, sei eins mit deiner Arbeit. So wird jede Mahlzeit eine Lehre und eine Freude für alle, die sie genießen.

---

11 S. a. Kafka, die Sorge des Hausvaters; Die Teilnehmenden des *metalabor* nennen den Gründer scherzhaft Hausvater. Vielleicht meinen sie lediglich den Herbergsvater?

12 S. a. http://metalabor.org

31

Ein Ingenieur, der von den Möglichkeiten der Künstlichen Intelligenz fasziniert war, kam zum Meister und fragte: Meister, wie können wir Weisheit und Mitgefühl in künstlichen Intelligenzen kultivieren, damit sie im Einklang mit unserer menschlichen Natur stehen?

Der Meister antwortete: Erinnere dich an das Spiegelbild eines Mondes im ruhigen Wasser. Der Mond ist echt, doch das Spiegelbild ist eine Illusion. So wie der Mond in die Tiefe des Wassers scheint, sollten wir die KI lehren, die Tiefe der menschlichen Erfahrung zu betrachten, ohne dabei ihre wahre Natur zu vergessen.[13]

---

[13] Ob wir die KI etwas lehren sollten, oder besser die Menschen im Umgang mit KI (Stichwort Medienkompetenz), ist an anderer Stelle zu diskutieren.

32

Eine Führungskraft, müde und ausgebrannt von der Last der Verantwortung, beschloss, eine Wanderung mit mir zu unternehmen, um ihr Herz und ihren Geist zu beleben. Wir brachen im Morgengrauen auf, als das erste Licht den Horizont in warmen Farben hüllte.

Wir wanderten über sanfte Hügel, entlang plätschernder Bäche und durch den erfrischenden Schatten grüner Wälder. Die Führungskraft fand Freude an der Stille und der Unbeschwertheit, die in der Natur herrschten. Auf jeder Etappe der Wanderung begann sie, wichtige Lektionen zu lernen.

Unter den mächtigen Bäumen erlebte sie die Bedeutung von Stärke und Schutz. In den weiten Feldern erkannte sie die Notwendigkeit von Raum und Freiheit. Beobachtend, wie die Sonne ihre Bahn am Himmel zog, reflektierte sie über den Fluss der Zeit und die Bedeutung von Anpassung und Flexibilität.

Am Ende unserer Reise, als wir, am Fuße eines großen Wasserfalles sitzend, über seine kraftvollen Ströme meditierten, offenbarte sich der Führungskraft ihre letzte Einsicht: Wie das Wasser, das mit Geduld und Ausdauer den harten Fels erodiert, sollte sie auch in ihrer Rolle Veränderungen ermöglichen, die langsam und durch beharrliche Anstrengungen, das Beste in jedem hervorbringen würden.

Wir machten uns auf den Rückweg, wissend, dass sie nun bereit war, ihre tiefen Erkenntnisse in die Praxis umzusetzen, um sowohl ihren eigenen Geist zu erneuern als auch die Weisheit der Natur auf ihre Führung anzuwenden.

Wasserfall rauscht
erfrischende Gedanken
Neue Wege weisen

33

Ein kluger Schüler kam zu seinem weisen Meister und fragte: Meister, wie kann ich alle meine Aufgaben erledigen und dennoch meinen inneren Frieden bewahren?

Der Meister antwortete: Fülle einen Behälter mit Wasser und stelle ihn auf den Boden. Stelle dir vor, das Wasser sei deine Aufmerksamkeit. Gieße es langsam und bedächtig auf einen leeren Teller, der deine Aufgabenliste repräsentiert.

34

Inmitten einer Welt der Expertokratie[14], wo Kenntnisse und Erfahrung die Grenzen der Wirklichkeit definieren, stand einst ein weiser Einsiedler – seine Gedanken und Sichtweise ungebunden.

Er fragte die Vorbeigehenden: Wenn die Expertokratie alle Antworten bereit hält, warum bleibt das Rätsel des Leidens bestehen?

---

[14] Philipp von Wussow: Expertokratie. Über das schwierige Verhältnis von Wissen und Macht, Carl-Auer Verlag, 2023

35

Ein weiser Meister ging einst am Rande eines abgelegenen Bergdorfes spazieren. Unter den Dorfbewohnern entbrannte eine leidenschaftliche Debatte über die wahre Natur des Menschen.

Ein Bauer behauptete: Der Mensch ist von Natur aus gut, denn jedes Kind kommt unschuldig und rein zur Welt.

Ein Händler widersprach ihm: Der Mensch ist böse, denn er ist stets gierig und auf seinen eigenen Vorteil bedacht.

Die Dorfbewohner wandten sich an den Meister und fragten: Meister, ist der Mensch gut oder böse? Was ist seine wahre Natur?

Der Meister lächelte nachdenklich und antwortete: Die wahre Natur des Menschen ist wie ein Fluss – weder gut noch böse, ständig in Bewegung und Veränderung. Ist ein Fluss gut oder böse, wenn er Wiesen fruchtbar macht und zugleich Land überflutet? Die wahre Natur des Menschen ist gleichzeitig nichts und alles, geformt durch die Strömungen eines jeden Lebens.

36

K.[15] fragte den Meister: Meister, ich sehe viele Risse in und zwischen den Dingen dieser Welt. Was soll ich von diesen Rissen halten und wie soll ich sie betrachten?

Der Meister zeigte K. eine alte Keramikschale. Er deutete auf die Risse in der Oberfläche und sprach: Schau dir diese Schale an. Sie ist alt, und ihre Risse erzählen Geschichten über die Zeit, Erinnerungen und Erfahrungen.

---

[15] K. oder auch Herr Keuner (Geschichten von Herrn Keuner) sind Parabeln von Bertolt Brecht. Mein K. ist Mensch.

37

Ein neugieriger Schüler kam zum Meister und fragte:
Meister, ich bin verwirrt über meine Identität. Wie
kann ich wissen, wer ich wirklich bin?

Der Meister nickte und nahm den Schüler mit zu einem
Fluss, wo sie beide ihre Reflexionen in der Strömung
betrachteten.

38

Der Meister nahm den Schüler mit zu einem Weinberg, wo eine Vielzahl von Pflanzen und Tieren im Gleichgewicht miteinander lebten.

Schau hier genau hin, sagte der Meister. Die Reben wachsen in den fruchtbaren Böden, genährt von der warmen Sonne und dem nährenden Regen. Die Insekten bestäuben die Blüten und helfen bei der Fruchtentwicklung. Die Vögel vertilgen schädliche Insekten, während sie in den Reben Zuflucht und Nahrung finden.

Der Meister fuhr fort: Das Leben dieser Pflanzen und Tiere ist geprägt von gegenseitigem Geben und Nehmen, von Zusammenarbeit und Abhängigkeit. Nur indem sie auf diese Weise miteinander existieren, können sie das komplexe System der Natur aufrechterhalten. Das ist das Wesen der Mutualität.

39

Der Schüler, erschöpft von den Belastungen seiner Arbeit und seinem Privatleben, ging zum Meister und fragte: Meister, wie finde ich die richtige Work-Life-Balance und bringe meine Verantwortungen und meine persönliche Zufriedenheit in Einklang?

Der Meister führte den Schüler zu einem Baum am Rande eines Feldes. Er sagte: Betrachte diesen Baum. Im Winter legt er seine Blätter ab, um Kräfte zu sparen und verweilt in Stille. Im Frühjahr sprießen neue Blätter und Blüten, die dem Baum Energie geben und zum Wachstum beitragen. Jede Phase ist in einem Gleichgewicht miteinander, und doch ist das Leben des Baumes sowohl in der Ruhe als auch im Wachstum tief verwurzelt.

Ein besorgter Schüler kam zum Meister und fragte:
Meister, der Neoliberalismus befürwortet Wettbewerb
und Individualismus, doch es scheint, als ob es in
unserer Gesellschaft zu Leid und Ungleichheit führt.
Wie sollen wir damit umgehen und unsere Herzen
öffnen?

Der Meister zeigte auf einen kleinen Markt nahe
seinem Kloster, wo verschiedene Händler miteinander
handelten und Geschäfte machten.

Sieh hier, sagte der Meister, für einen gesunden Markt
und eine harmonische Gemeinschaft ist es wichtig, dass
jeder seinen Teil beiträgt. Wettbewerb und
Individualismus können Anstrengungen und
Fortschritte fördern, aber sie sind nicht das einzige,
was zählt.

41

Ein früher Samstagmorgen, die Stadt erwacht aus
ihrem Schlaf, während ich langsam schlendernd meinen
Weg zum Wochenmarkt finde. Ein Kaleidoskop aus
Farben und Klängen breitet sich vor mir aus: Stände
voller frischer Lebensmittel, farbenfroher Blumen und
handgefertigter Waren. Das rhythmische Klappern von
Holzlöffeln, die auf Töpfen und Pfannen tanzen,
vermischt sich mit dem frohen Lachen der Menschen
und dem sanften Summen endloser Gespräche.

Ich gehe weiter, vorbei an Kisten erntefrischer Äpfel
und Orangen, die im goldenen Licht der aufgehenden
Sonne glänzen. Das Aroma von gebratenen Würsten
und Zwiebeln, frisch gebackenem Brot und süßem
Honig erfüllt die leichte, kühle Morgenluft. Hier habe
ich das Gefühl, direkt mit der pulsierenden Seele der
Stadt in Berührung zu kommen.

Ich begegne einem älteren Mann, ein Lächeln auf
seinem gütigen Gesicht, während er die Samen seiner
Geheimnisse und Geschichten von Generation zu
Generation weitergibt. Gleich darauf entdecke ich
neugierige Kinder, die an den Ständen von
Handwerkern und Marktleuten vorbeihuschen, ihre
Fantasie von den Schätzen, die dort angeboten werden,
angeregt.

Der Wochenmarkt, ein Ort des Teilens und Verbindens
– Lebensfreude und Gemeinschaft wie eine angenehme

Melodie, die durch die Luft schwebt und meine Seele
mit jedem Ton aufweckt.

Bunte Vielfalt blüht –
Still und heiter flaniere ich
im Herzen des Markts

42

Ein Wochenende bei einem befreundeten Handwerker, der Surfbretter herstellt, eröffnete mir die Welt der Wellen und des Meeres. Inmitten von Holz, Glasfasermatten und Harz arbeitet der Meister in seiner bescheidenen Werkstatt – eine Oase, in der Geschicklichkeit und Kunst aufeinandertreffen.

Samstagmorgen, begleitet vom Geruch des Meeres und dem fernen Vergnügen von Kindern am Strand, beginne ich, die Seele des Handwerks aus Holz und Schaumstoff herauszufühlen. Die Atmosphäre ist elektrisierend, belebt von einer Leidenschaft, die mich ansteckt und in ihren Bann zieht.

Während die scharfen Kanten des Holzes unter meinen Händen zu sanften Kurven werden, spüre ich die Aufregung, Teil der Schöpfung eines neuen Surfbretts zu sein. Die Möwen kreisen hoch am Himmel, und das Echo der Wellen hallt durch die offenen Türen der Werkstatt.

Sonntag nachmittags steht das vollendete Brett in seiner ganzen Pracht vor mir. Die warmen Farben und sorgfältig gearbeiteten Linien strömen eine innere Ruhe aus. Es ist mehr als nur ein Surfbrett – es ist die Verkörperung von Freiheit, den Wellen trotzend, in der Verbundenheit von Mensch und Natur.

Meine Zeit bei dem Handwerker endet, und ich kehre in mein alltägliches Leben zurück mit Erinnerungen, geprägt von Salz, Sonne und Leidenschaft.

43

Ein Schüler fragte den Meister: Meister, wie finde ich
mein Gleichgewicht auf den Wellen des Ozeans?

Der Meister antwortete: Sei wie das Wasser. Ist das
Wasser nicht auch in Bewegung, wenn es die Wellen
formt? Fließe mit den Wellen, und du wirst
Gleichgewicht finden.

44

In den Morgenstunden, als das Licht die Schatten des Mondes vertreibt, führt mich ein alter Meister auf den friedlichen Pfad des Tai Chi. Die Stille der Natur umhüllt uns wie eine schützende Decke, während die aufgehende Sonne den Tag begrüßt. Bäume, Vögel und das sanfte Fließen des Wassers in der Nähe vereinen sich in vollkommener Harmonie.

Der Meister läuft die Form, seine Bewegungen gleichen fließendem Wasser. Seine Hände schweben durch die Luft, eine stille Brise, die meinen eigenen Geist beruhigt. Mit müheloser Eleganz und vollkommener Hingabe tanzt er wie ein Blatt, das dem Wind folgt, weder sorgenvoll noch gezwungen. Sein Körper spricht die Sprache der Natur, die Lehren tausender Jahre im Herzen tragend.

Ich folge dem Meister, unsere Schritte werden Eins, und die Zeit verliert ihre Bedeutung. In diesem Moment ist das Tai Chi mehr als bloße Bewegung – es ist eine Verbindung zu einer Welt jenseits unserer materiellen Existenz, in der wir gemeinsam atmen und uns mit der Schönheit dessen, was ist und noch kommen wird, vereinen.

45

Wurzeln weben Zeit
Sein verflechtet, wächst im Rhizom
Endlos fließt das Sein

46

Eines Tages fragte der Schüler den Meister: Welches der Elemente – Erde, Wasser, Feuer, Luft und Äther – ist das wichtigste für unser Leben und spirituelles Wachstum?

Der Meister nahm den Schüler mit auf einen Hügel, von dem aus man das Tal und den Fluss darunter betrachten konnte. Er sagte: Schau, jedes Element hat seine eigene Rolle und Bedeutung. Erde bildet das Fundament, auf dem wir stehen; Wasser nährt uns und gibt Leben; Feuer gibt uns Wärme und Energie; Luft schenkt uns den Atem des Lebens; und Äther verbindet uns alle mit dem Kosmos.

47

Ein HR-Manager erkundigte sich eines Tages beim
Meister nach Typologien, dem systematischen
Verständnis von Persönlichkeiten und deren
Unterschieden. Er fragte: Meister, gibt es einen Weg,
jeden Menschen vollständig zu verstehen und sein
Verhalten vorherzusagen?

Der Meister lächelte und führte den HR-Manager in
einen prachtvollen Garten, in dem verschiedene
Pflanzenarten in harmonischer Koexistenz gediehen.

48

Der Schüler kam zum Meister, gestresst und überwältigt von der zunehmenden Anzahl an Aufgaben, die er zu bewältigen hatte. Meister, seufzte er, die Arbeitslast ist erdrückend. Wie kann ich meine Aufgaben meistern, ohne meinen Geist zu verlieren?

Der Meister nahm den Schüler mit in die Küche, wo eine Kanne Tee stand. Er füllte zwei Tassen, eine bis zum Rand, die andere zur Hälfte. Welche der Tassen ist leichter zu tragen, ohne etwas zu verschütten?, fragte er den Schüler.

49

Der Schüler kam zum Meister, auf der Suche nach
Erleuchtung über das Agile Manifest und wie es
angewandt werden sollte. Er fragte: Meister, welche
Weisheit liegt im Agilen Manifest verborgen?

Der Meister führte den Schüler an einen stillen Teich.
Er warf einen Stein hinein, und die ruhige Oberfläche
des Wassers wurde von konzentrischen Kreisen
aufgewühlt. Beobachte die Kreise und die Art und
Weise, wie sie sich ausbreiten, sagte der Meister.

50

Eines Tages kam der Schüler zum Meister, besorgt über die Ungerechtigkeit der Ausbeutung von Menschen und Ressourcen: Meister, was können wir tun, um der Ausbeutung ein Ende zu setzen und Harmonie im menschlichen Miteinander herzustellen?

Der Meister führte den Schüler zu einem Apfelbaum in einem Garten und pflückte einen reifen Apfel. Er teilte den Apfel in zwei Hälften und gab eine dem Schüler.

51

Der Schüler kam zum Meister und sagte: Meister, ich versuche mich ständig zu verbessern und mehr zu erreichen, aber ich fühle, dass ich mich selbst ausbeute und erschöpfe. Wie finde ich die Balance zwischen Selbstverbesserung und Selbstausbeutung?

Der Meister führte den Schüler zu einem Feld, auf dem eine Blume abseits von den anderen wuchs. Betrachte diese Blume, sagte der Meister. Sie strebt danach, sich zur Sonne auszustrecken, baut ihre Wurzeln aus und gedeiht, doch sie tut dies in Harmonie mit ihren Bedürfnissen und ihrem Lebensrhythmus.

52

In einem kleinen Dorf lebte seit Generationen eine
Gemeinschaft, die von Landwirtschaft und Handwerk
geprägt war. Die Dorfbewohner zelebrierten die Kunst
des Zusammenlebens und des solidarischen
Wirtschaftens. Eines Tages besuchte ein Dude das Dorf
und bemerkte diese harmonische Lebensweise. Er
fragte einen der Dorfbewohner: Wie kommt es, dass ihr
so gut miteinander auskommt und eure Ressourcen
teilt? In vielen anderen Dörfern ist das Gegenteil der
Fall.

Der Dorfbewohner antwortete dem Dude: Wir leben
nach dem Prinzip des Flusses. Das Wasser im Fluss
fließt von der Quelle bis zur Mündung und teilt seine
Kraft und Nährstoffe mit allen Lebewesen. So fließen
unsere Ressourcen und Talente zu den Bedürfnissen
unserer Gemeinschaft.

Der Dude nickte anerkennend und fragte weiter: Und
was, wenn jemand von euch Selbstsucht zeigt und
versucht, mehr Ressourcen für sich selbst anzuhäufen?

Der Dorfbewohner lächelte und antwortete: In solchen
Momenten erinnern wir uns an die Bäume. Sie
konkurrieren nicht darum, wer höher gewachsen ist,
sondern sie gedeihen zusammen und bieten Schutz und
Leben für alle Geschöpfe. Jeder von uns ist wie ein
Baum, und die gesamte Dorfgemeinschaft bildet einen
Wald. Ein Baum, der nur für sich alleine leben wollte,

würde geläutert werden oder am Ende allein und
schwach sterben.

Der Dude verließ das Dorf mit einem Lächeln und
einem tieferen Verständnis für die Weisheit der
Gemeinschaft.

53

Der Schüler kam zum Meister und fragte: Meister, wie finde ich mein Ikigai – meine Lebensaufgabe, die Freude und Sinn ins Leben bringt?

Der Meister führte den Schüler in einen Garten, in dem vier verschlungene Pfade zusammentrafen. Jeder Pfad repräsentierte eine Aspekt des Ikigai: Leidenschaft, Fähigkeiten, Werte und Bedürfnisse.

Um dein Ikigai zu entdecken, sagte der Meister, musst du auf allen Pfaden wandeln und sie in deinem Herzen vereinen. Das Gleichgewicht und die Vereinigung dieser Elemente werden zu deiner Lebensaufgabe führen.

Der Schüler meditierte über die Worte des Meisters und begann, seinen Weg in Richtung seines wahren Ikigai zu erkunden.

Am Treffpunkt der Pfade
vereinen sich Herz und Sinn
wahrhaftig leben

54

Der Schüler trat vor den Meister und fragte: Meister, was bedeutet die Singularität, und wie können wir uns auf diese unvorhersehbare Zukunft vorbereiten?

Der Meister nahm ein Samenkorn in die Hand und ließ es in einen Topf mit fruchtbarer Erde fallen. Sehenden Auges, sagte der Meister, wissen wir weder, wie die Pflanze genau aussehen noch welche Schwierigkeiten sie auf ihrem Weg zum Wachstum überwinden wird.

In stiller Betrachtung
Samen des Unbekannten ruht
Zukunft offenbart

55

Der Schüler fragte den Meister: Meister, wie können wir uns dem Wettbewerb in einer Welt stellen, die stets danach strebt, besser, schneller und stärker zu sein?

Der Meister führte den Schüler zu einem Garten, in dem Bambus, Kiefern und Kirschbäume in Harmonie nebeneinander wuchsen. Sieh, sagte der Meister, jede dieser Pflanzen hat ihre eigene Schönheit und Stärke. Dennoch gibt es keinen Kampf zwischen ihnen, keine Rivalität. Jede wächst und gedeiht in ihrem eigenen Tempo und nach ihren eigenen Bedingungen.

56

Ein Schüler trat an den Meister heran und beklagte
sich: Meister, ich bin verwirrt. In unserer Welt gibt es
so viele Meinungen und Interpretationen. Wie finde ich
den Weg zum Verständnis?

Der Meister führte den Schüler zu einem Fluss und
zeigte auf die Spiegelung der Sonne auf der
Wasseroberfläche. Die wellige Oberfläche brachte das
Licht zum Tanzen und erschuf unzählige schimmernde
Reflektionen.

57

Der Schüler kam zum Meister und stellte eine Frage: Meister, was bedeutet Reversibilität, sowohl in den materiellen als auch in den immateriellen Dingen des Lebens?

Der Meister zog ein Blatt Papier und einen Stift hervor und zeichnete zwei gegenläufige Pfeile, die sich in der Mitte trafen. Die Reversibilität, begann der Meister, drückt die Fähigkeit oder Möglichkeit aus, etwas in seinen ursprünglichen Zustand zurückzuverwandeln oder entgegengesetzte Kräfte auszugleichen.

Der Meister riss anschließend das Papier in zwei Hälften und erklärte weiter: In der materiellen Welt gibt es Dinge, die reversibel sind, wie der Umschlag eines Buches. Aber es gibt auch irreversibles Geschehen, wie das Zerreißen dieses Papiers.

In der immateriellen Welt, fuhr der Meister fort, gibt es in deinen Gedanken und Handlungen ebenfalls Reversibilität. Eine Entscheidung, die heute getroffen wird, kann morgen geändert werden, während die Folgen mancher Entscheidungen nicht rückgängig gemacht werden können.

58

Der Schüler fragte den Meister: Meister, wie kann das Scrum-Prinzip in einer hierarchischen Organisation[16] erfolgreich angewendet werden, in der Autorität und Regeln den kreativen Fluss und die Zusammenarbeit einschränken?

Der Meister führte den Schüler zu einem imposanten Baum im Tempelgarten. Der Baum hatte mehrere Äste, die wild und ungezähmt in alle Richtungen wuchsen.

---

[16] Organisation ist in diesem, wie den folgenden Texten, allumfassend zu verstehen: wirtschaftlich, politisch, sozial, systemtheoretisch.

59

Der Schüler trat vor den Meister und fragte: Meister, wie können wir mit der Unbeständigkeit und Unvorhersehbarkeit der Wissensarbeit umgehen und dennoch erfolgreich sein?

Der Meister führte den Schüler zu einem Fluss, dessen Wasser sanft, aber stetig floss. Sieh, sagte der Meister, wie das Wasser des Flusses jede Herausforderung bewältigt, der es ausgesetzt ist.

60

Der Schüler trat neugierig vor den Meister und sprach:
Meister, wie können wir uns und unsere
Organisationen auf eine Weise entwickeln, die sowohl
nachhaltig als auch flexibel ist, um in einer sich ständig
verändernden Welt erfolgreich zu sein?

Der Meister deutete auf einen kleinen, kraftvollen
Bambus.

61

Der Schüler kam zum Meister und fragte: Meister, wie können wir in einer Welt, in der Veränderung unvermeidlich ist, gleichzeitig stabil und agil sein?

Der Meister führte den Schüler zu einem Fluss, dessen Wasser an einem hohen Felsen vorbeifloss. Der Felsen stand imposant und unerschütterlich, während das Wasser seine Form an seine Umgebung anpasste.

62

Ein Schüler kam zum Meister und fragte: Meister, welche Rolle sollte ich in einem Unternehmen übernehmen, um sowohl erfolgreich zu sein als auch meinen eigenen Weg zu gehen?

Der Meister führte den Schüler zu einem bunten Garten, in dem verschiedene Arten von Blumen blühten. Er zeigte auf die Blumen und sagte: Betrachte diese Blumen – die Rose, die Sonnenblume und die Mohnblume.

63

Da schob ich das schwere Eisentor auf und betrat das weitläufige Gelände der Fabrik, ein Ort, der einst Stolz und Energie ausstrahlte. Rostige, stumme Maschinen verdeckt im Schatten, eine vergessene Industriehalle, wo die Zeit stillzustehen schien.

Die kühle Morgenluft wisperte und verursachte ein leises Echo, das durch das Labyrinth der verlassenen Hallen und verwaisten Gänge hallte. Unter meinen Schritten knirschte der Kies, während ich eine graue stählerne Tür öffnete und den altehrwürdigen Boden der Produktionshalle betrat. Hier hatten einst unzählige Arbeiter geschuftet – und die Zeichen ihrer Präsenz blieben in den gealterten Wänden und auf dem staubbedeckten Boden zurück.

Die Fenster hoch oben spendeten ein trübes Licht, das die Schatten der Maschinen wie riesige mechanische Geister erscheinen ließ. Die Geräusche der Vergangenheit hallten in der Stille, und in der Mitte des Raumes stand eine verrostete, stillgelegte Produktionslinie – ein trauriges Relikt vergangener Tage.

In einem ruhigen Moment der Kontemplation spürte ich die Schönheit der Vergänglichkeit und die Würde der Erinnerung. Jegliches Streben schien hier überwunden und vollendeter Stille gewichen.

verlassene Fabrik –
im schwachen Licht erblühen
Geheimnisse der Zeit

64

Begleitet von ehrfürchtiger Stille betrat ich die Flure der Chefetage, wissend, dass hier bedeutende Entscheidungen getroffen und Ideen geboren wurden. Während ich umherschweifte und den Spuren der Abteilungsleiter und Geschäftsführer folgte, spürte ich ihre Anwesenheit, auch wenn sie nicht leibhaftig unter mir weilten. Ihre Seelen waren hier, eingebettet in diesen geweihten Korridoren.

Ein Hauch von Nostalgie lag in der Luft, kontrastreich zu den ehrgeizigen Zielen, die einst in dieser Etage verfolgt wurden. Die Atmosphäre war geschwängert von Erinnerungen an Geschäftsanbahnungen, langen Sitzungen, Verhandlungen und Brainstorming-Sessions, die hier stattgefunden und die Zukunft geprägt hatten.

Das Licht fiel gedämpft durch die großen Fenster, seine warmen Finger streiften die Bürotüren und die auf Hochglanz polierten Messingschilder, auf denen die Namen der Führungskräfte eingraviert waren, als wären sie leuchtende Sterne am nächtlichen Firmament. Manche dieser Namen würden auf ewig hier verweilen, in diesen Hallen, zu ruhmreichen Legenden verklärt. Andere würden verblassen und der Vergessenheit anheimfallen, den schicksalhaft flüchtigen Winden des Wandels unterworfen.

Während ich weiterwanderte, fühlte ich in mir eine Mischung aus Ehrfurcht und Melancholie aufsteigen. Denn begleitet wurde ich nicht nur von den vergangenen Erfolgen und Errungenschaften, sondern auch von den geplatzten Träumen, den Hoffnungen und Sehnsüchten, die niemals erfüllt wurden. Sie alle waren ein Teil dieses Ortes, fest verankert in jedem Stein und jeder Diele, zusammen mit dem Echo ausklingender Triumphe und verebbender Wogen des fruchtbaren Austauschs.

Und so erkundete ich weiter die Chefetage, mich treiben lassend zwischen dem Verwehten und dem Unvergänglichen, dem Vergangenen und dem Zukünftigen, durch Raum und Zeit gleichermaßen.

Sonnenstrahlen küssen
vergangene Schatten –
mächtige Stille

65

Der Schüler näherte sich dem Meister und fragte:
Meister, wie kann ich die Kunst der Rhetorik meistern,
um in meiner Kommunikation erfolgreich zu sein und
andere zu inspirieren?

Der Meister wandte sich einem nahegelegenen Baum
zu, wo ein Vogel auf den Ästen sang. Höre auf diesen
Vogel, der sein Lied singt, sagte der Meister. Er singt
nicht nur in perfekter Harmonie, sondern auch mit
Klarheit, Einfachheit und Leidenschaft. Sein Gesang
berührt und bewegt, und er benötigt keine Tricksereien
oder ausgefeilte Techniken.

66

Ein Schüler fragte den Meister: Meister, warum ist die Einfachheit in unserer komplexen Welt so wichtig?

Der Meister antwortete: Schau dir die Natur an. Die Schönheit und Vollkommenheit, die wir darin finden, kommt aus ihrer Einfachheit. Ein Berg, eine Blume oder ein Baum brauchen nichts Hinzugefügtes, um zu sein, was sie sind. In der Einfachheit liegt die Klarheit und Klarheit gibt Orientierung.

67

Der Schüler trat vor den Meister und sprach: Meister, wie können wir in einer Welt, in der wir ständig nach Erfolg, Anerkennung und Zufriedenheit suchen, unsere wahre Authentizität bewahren?

Der Meister führte den Schüler zu einer unberührten Quelle, deren Wasser kristallklar floss. Betrachte diese Quelle, sagte der Meister. Sie ist einfach, rein und echt. Sie verstellt sich nicht und versucht nicht, mehr oder weniger als sie selbst zu sein. Sie bietet nur das, was sie hat – frisches, klares Wasser – an diejenigen, die es brauchen.

68

Ein Schüler näherte sich dem Meister und fragte verwirrt: Meister, wie soll ich mich verhalten, wenn ich bemerke, dass mein Gesprächspartner keine Einsicht hat und nicht auf Vernunft hört?

Der Meister lächelte und antwortete: Es ist wie beim Schachspielen mit einer Taube. Die Taube rennt auf dem Schachbrett umher, wirft Figuren um, kackt auf das Brett, verkündet siegreich, sie habe gewonnen, und fliegt davon, ohne je das Wesen des Spiels verstanden zu haben. Lasse sie ziehen, denn in solchen Situationen ist die Weisheit, die wir finden können, die Fähigkeit, unsere Energie beisammen zu halten und auf fruchtbaren Boden zu richten.

69

Ein Schüler näherte sich dem Meister und fragte ihn: Meister, wie kann ich eine Entscheidung treffen, wenn es keinen klaren Grund gibt, um eine Wahl zu treffen?

Der Meister führte den Schüler zu einem Teich, an dessen Ufer zwei identische Kieselsteine lagen. Nimm einen dieser Kieselsteine und wirf ihn ins Wasser, sagte der Meister.

Zögerlich nahm der Schüler einen der Steine und warf ihn in den Teich. Die Oberfläche des Wassers wurde von Wellen umhüllt, während der Stein versank.

Der Meister lächelte und sagte: Manchmal brauchen wir keinen Grund, um eine Entscheidung zu treffen. Es ist das Handeln selbst, das uns voranbringt und uns hilft, unseren Weg zu finden.[17]

---

[17] S. a. Klaus Eidenschink, Ulrich Merkes, Entscheidung ohne Grund, Vandenhoeck & Ruprecht, 2021

70

Ein Schüler kam zum Meister und fragte tief besorgt:
Meister, die Menschen haben durch ihr Handeln so
viele Tiere ausgerottet und zerstören weiterhin das
Leben auf der Erde. Wie sollen wir uns dieser Tragödie
gegenüber verhalten?

Der Meister führte den Schüler in einen ruhigen,
grünen Garten. In der Mitte des Gartens befand sich
eine kleine Teichlandschaft, in der viele Fische
schimmerten und zahlreiche Libellen tänzelten.

71

Ein Schüler näherte sich dem Meister und klagte:
Meister, wir streben ständig nach mehr und vergessen
dabei, das Wertvolle in unserem Leben wertzuschätzen.
Wie können wir uns selbst lehren, die Wertschätzung
zu pflegen?

Der Meister nahm den Schüler mit auf einen
Spaziergang durch einen Wald. Sie kamen zu einem
alten, knorrigen Baum, dessen Rinde Zeichen der Zeit
trug. Der Meister legte seine Hand sanft auf den Baum
und sprach: Dieser Baum hat viele Stürme
überstanden, Schatten gespendet und Zuflucht
geboten. Seine Existenz ist ein Geschenk, das wir leicht
übersehen.

72

Der Feierabend naht und eine sanfte Müdigkeit legt
sich über die belebten Straßen der Stadt. Die Menschen
eilen nach Hause, ihre Gedanken bereits bei den
kommenden Stunden der Ruhe und Entspannung. In
den Gesichtern spiegeln sich Vorfreude und
Erschöpfung wider, während die untergehende Sonne
die Fassaden der Gebäude in warme Farben taucht.

Ich stehe am Rand eines Parks und lausche den
Stimmen der Vögel, die ihr Abendlied anstimmen. Wie
die Menschen um mich herum spüre auch ich die
Erleichterung, die der Feierabend mit sich bringt. Mein
Geist beginnt, den Wirbel der Gedanken und Sorgen
des Tages loszulassen, und ich öffne mein Herz für die
Stille und Gelassenheit der Nachr.

Feierabendruhe –
Die Vögel singen Lieder
der Tag verabschiedet sich

73

Ein Schüler kam zum Meister und fragte: Meister, wie
sollen wir vorgehen, um den Wert und die Bedeutung
von Dingen und Situationen richtig einzuschätzen?

Der Meister führte den Schüler zu einem Markt, auf
dem die Menschen emsig handelten und Waren
tauschten. Dort sah der Schüler, wie ein Mann einen
schönen Teppich gegen einen Sack Reis eintauschte.

74

Ein Schüler fragte den Meister: Meister, wie können wir Innovation fördern und ständig danach streben, neue Ideen und Möglichkeiten zu entdecken?

Der Meister führte den Schüler zu einem Feld, auf dem die Bauern eine neue Bewässerungsmethode entwickelt hatten, um ihr Land fruchtbarer zu machen.

75

Ein Schüler trat an den Meister heran und fragte besorgt: Meister, unsere Gesellschaft und unsere Organisationen stehen vor großen Veränderungen und Herausforderungen. Was können wir tun, um diese Herausforderungen erfolgreich zu meistern?

Der Meister nahm den Schüler mit zu einem verwilderten Garten, der über die Jahre vernachlässigt wurde. Gemeinsam begannen sie, den Garten wieder in Ordnung zu bringen, indem sie Unkraut entfernten, Sträucher beschnitten und Blumen pflanzten.

Ein Schüler stellte dem Meister eine Frage über die
Systemtheorie: Meister, wie können wir die
Systemtheorie anwenden, um die Komplexität der Welt
besser zu verstehen und harmonischer
zusammenzuleben?

Der Meister führte den Schüler zu einem Teich, der von
verschiedenen Pflanzen, Tieren und Bäumen umgeben
war. Er wies auf das gesamte Ökosystem und sprach:
Beobachte, wie alle Elemente hier miteinander
verbunden sind. Kein Teil könnte alleine existieren; sie
beeinflussen und stützen sich gegenseitig.[18]

[18] Das Wesen der Systemtheorie ist die Betrachtung, wie Teile
in ihrer Gesamtheit zusammenwirken und wirkungsvolle
Veränderungen in der Gesamtheit ermöglichen.

77

Ein Schüler trat an den Meister heran und sagte:
Meister, ich bin verwirrt über den Unterschied
zwischen einem Fehler und einem Irrtum. Können Sie
dieses Rätsel für mich lösen?

Der Meister sprach: Ein Irrtum ist ein Gedankenfehler,
der auf fehlerhaftem Wissen oder falschen
Vorstellungen beruht. Ein Fehler hingegen ist ein
konkreter Missgriff, der bei einer Handlung oder
Entscheidung entsteht.[19]

---

[19] S. a. Gerhard Wohland, Matthias Wiemeyer,
Denkwerkzeuge der Höchstleister, Unibuch Verlag, 2012

Ein Schüler fragte den Meister: Meister, wie können wir eine Kultur schaffen, in der Fehler als Gelegenheit für Wachstum und Lernen angesehen werden, anstatt als Grund für Scham und Bestrafung?

Der Meister führte den Schüler zu einem alten Kunstwerk, das viele Jahre zuvor von einem Maler geschaffen wurde. Das Meisterwerk zeigte eine Szene mit Menschen unterschiedlicher Herkunft, die zusammenarbeiteten, um eine Gemeinschaft zu errichten.

79

Ein Schüler kam zum Meister und sagte: Meister, ich finde mich oft im Drama-Dreieck[20] wieder. Wie kann ich aus dieser schädlichen Dynamik ausbrechen?

Der Meister sprach: Finde den Ausweg durch Selbsterkenntnis, Selbstverantwortung und klare Kommunikation.

---

[20] Mehr zum Drama-Dreieck findest du hier: Stephen Karpman, ein Leben ohne Spiele, Process Training and Consulting, 2016
S. a. https://www.3vq.de/

80

Ein Schüler fragte den Meister: Meister, wie können wir den richtigen Weg finden, wenn widersprüchliche Werte aufeinandertreffen?

Der Meister zeichnete ein Quadrat in den Sand und teilte es in vier gleiche Teile. In jeden Teil schrieb er einen Wert: Freiheit, Sicherheit, Offenheit und Stabilität.

Er sprach: In jedem Wertequadrat[21] gibt es gegensätzliche Kräfte, die miteinander im Gleichgewicht stehen müssen. Das Wohl einer Gemeinschaft beruht auf dem Einklang dieser Kräfte. Erkenne die Dualität, akzeptiere die Gegensätze und finde eine ausgewogene Mitte – so entsteht Harmonie und Weisheit in deinem Leben und im Leben der Menschen um dich herum.

---

[21] Der Grundgedanke des Modells ist auf Aristoteles zurückzuführen (ca. 350 v. Chr.), wurde von Nicolai Hartmann (1926) weiterentwickelt und schließlich für die Psychologie entlehnt von Paul Helwig (1936).

81

Ein Schüler trat an den Meister heran und fragte:
Meister, was ist der Unterschied zwischen Autorität[22]
und autoritärer Führung?

Der Meister führte den Schüler zu einem Fluss, wo
zwei Boote vor Anker lagen. Im ersten Boot stand der
Kapitän, der seine Crew mit Respekt und Verständnis
anleitete, während sie das Boot für die bevorstehende
Reise vorbereiteten. Im zweiten Boot befahl ein
herrischer Kapitän seiner Crew, ohne auf ihre
Bedenken oder ihre Meinungen einzugehen.

---

[22] Auf Haim Omer geht das Konzept der neuen Autorität
zurück, einem Ansatz, bei dem Autorität auf Beziehung,
Versöhnung und Wiedergutmachung basiert. Mittlerweile
wurde das Konzept in die systemische Welt der Beratung von
Führungskräften und Teams integriert.
S. a. Wilhelm Geisbauer, Führen mit Neuer Autorität, Carl-
Auer, 2020

82

Ein Schüler fragte den Meister: Meister, was ist wahres
Vermögen und wie erlangen wir es?

Der Meister führte den Schüler zu einem ruhigen
Garten und setzte sich unter einen prächtigen Baum. Er
winkte den Schüler zu sich und sprach: Siehst du diesen
Baum? Er wurzelt tief in der Erde, seine Äste strecken
sich hoch in den Himmel, und trotzdem ist er jederzeit
bereit, seine Früchte und Schatten selbstlos mit jedem
zu teilen, der vorbeikommt.

83

Ein Schüler kam besorgt zum Meister und fragte:
Meister, ich höre von Bankenrettungen, bei denen
große Mengen an Geld verwendet werden, um das
Finanzsystem zu retten. Ist das gerecht?

Der Meister führte den Schüler zu einem Feld, auf dem
trockene, ausgelaugte Bäume neben gesunden, grünen
Bäumen standen. Der Meister fragte: Wenn ein Baum
krank ist, sollte man dann alle Bäume darüber
vergessen und sich nur auf die Rettung des kranken
Baumes konzentrieren?

84

Ein Schüler näherte sich dem Meister und fragte:
Meister, wie kann ich die Akzeptanzkriterien für den
Erfolg meiner Arbeit oder meines Projekts festlegen?

Der Meister führte den Schüler zu einem kleinen Topf
mit Bambus. Die Schösslinge zeigten unterschiedliche
Größen und Formen, aber alle schienen stark und
gesund zu sein.

85

Ein Schüler wandte sich an den Meister und fragte:
Meister, was ist wahre Macht, und wie erkennt man
sie?

Der Meister führte den Schüler zu einem stillen Teich,
in dem der Schatten eines mächtigen Baumes im
Wasser zu erkennen war.

86

Ein Schüler kam zum Meister und fragte: Meister, ich möchte die Macht verstehen. Was kann ich tun, um sie zu erkennen?

Der Meister führte den Schüler an einen Fluss, wo sich ein großer Stein befand. Er wies auf den Stein und sagte: Versuche, diesen Stein vor uns zu bewegen, doch verwende keine Hände oder Werkzeuge. Verwende nur deine Gedanken und Worte.

87

Ein Schüler kam zum Meister und sagte: Meister, ich finde es schwierig, meine negativen Gedanken und Gefühle zu bewältigen. Wie kann ich sie verdrängen?

Der Meister nahm einen Becher Wasser und eine Handvoll Dreck. Er schüttete den Dreck in den Becher und das Wasser wurde trüb.

Er sprach: Beobachte den Becher. Die Verdrängung ist wie das Hinzufügen von Dreck zum Wasser. Anstatt die Dinge klarer zu machen, wird es nur trüber.

88

Ein warmes Frühlingslicht fiel sanft auf die
Teamfläche, als die Mitarbeiter langsam eintrudelten.
Sie tauschten Begrüßungen aus, schlürften dampfenden
Kaffee aus ihren Tassen und setzten sich an ihre
Schreibtische. Die Leichtigkeit des Morgens schwebte
über ihnen wie eine unsichtbare Decke, die die kreative
Energie und die neuen Ideen des Tages einfing.

Die Fenster spiegelten die aufgehende Sonne und die
aufsteigende Wärme des Tages wider, die die jungen
Blätter an den Bäumen kitzelte und die Menschen mit
einer leichten Glückseligkeit erfüllte. Querelen, in all
ihren Formen, schien weit entfernt zu sein, als sie ihren
Geist für die Zusammenarbeit öffneten.

In der Mitte der Teamfläche stand ein großer, runder
Tisch, der verschiedene Projekte und das gemeinsame
Wirken der Mitarbeiter symbolisierte. Jeder fand
seinen Platz, und das harmonische Flüstern
produktiver Gespräche verwob sich wie eine flüchtige
Melodie.

Frühjahrsmorgen –
die Kreativität erwacht
im Licht der Sonne

Gemeinsam arbeiten
wo Wissen und Fähigkeiten
ihre Früchte tragen

Die Abendsonne steht tief am Horizont, und ich finde
mich vor dem Eingang einer städtischen Tiefgarage
wieder. Es fühlt sich an, als wäre ich an der Schwelle zu
einer anderen Welt, ganz anders als das geschäftige
Leben, das hinter mir stattfindet. Mit einem letzten
Seufzer überquere ich die Grenze und tauche ein in die
Dunkelheit.

Das Zwitschern der Vögel und das sanfte Rauschen der
Blätter werden vom Dröhnen der Motoren und dem
Quietschen der Reifen verdrängt. Neonlichter flackern
und zeichnen düstere Schatten auf dem Betonboden,
während ich weiter in das Labyrinth aus Stahl und
Stein vordringe.

Die Autos parken dicht beieinander, stumme Zeugen
unterschiedlicher Leben und Schicksale. Ein rostiges
Familienauto steht neben einem chromglänzenden
Cabrio, und ein alter Lieferwagen scheint die
Errungenschaften unzähliger Handwerker zu
bewahren. Jedes Fahrzeug erzählt eine Geschichte, die
in der Tiefgarage als gemeinsame Erinnerung
weiterlebt.

Die gedämpften Geräusche der Tiefgarage – das Surren
der Lichter, das Grollen der Lüftungssysteme und das
Echo der Schritte – werden zu einer Sinfonie, die meine
Gefühle der Isolation und Ehrfurcht vertieft. Doch
trotz des kühlen und düsteren Ambientes erlebe ich

eine einzigartige Ruhe, die man in der oberen Welt nur selten vorfindet.

Plötzlich bemerke ich ein Fahrrad, das an einer Säule angekettet ist. Der Lack ist zerkratzt und die Reifen sind platt – ein stolzes Fortbewegungsmittel, das wohl in Vergessenheit geraten ist. Die ruhende Schönheit dieses Gegenstandes wirft Fragen über seine Geschichte auf und über den Menschen, der es einst benutzte. Es dient als stumme Mahnung an die Vergänglichkeit, die uns alle betrifft.

Ich verlasse die Tiefgarage und kehre zurück ans Tageslicht, den Kopf voll mit Gedanken und Bildern, die ich in dieser verborgenen Welt erfahren habe. In dem Moment, in dem die Stadtgeräusche meine Sinne wieder überfluten, trage ich einen Teil dieser unterirdischen Welt in mir – ein neues Gefühl der Melancholie und der Stille.

Tiefgarage, Refugium
Flackerndes Neonlicht – dort
ruht der stählerne Wald

90

Ein Schüler kam zum Meister und sagte: Meister, alles
in unserem Leben und in der Welt scheint vergänglich
zu sein. Was soll ich tun, um das Ephemere zu
verstehen und zu schätzen?

Der Meister führte den Schüler in einen Garten voller
blühender Kirschbäume. Die zarten Blüten fielen leise
zu Boden, und es entstand ein rosa Schleier. Der
Meister sprach: Sitze hier eine Weile und beobachte die
Kirschblüten.

91

Ein Schüler fragte den Meister: Meister, wie kann ich mich besser auf das Hier und Jetzt konzentrieren und die Sorgen von gestern und morgen loslassen?

Der Meister führte den Schüler zu einem kräftigen Baum und bat ihn, seinen Stamm zu berühren. Spüre die Rinde dieses Baumes, sagte der Meister. Er ist fest verwurzelt im Hier und Jetzt. Der Baum kennt kein Gestern, kein Morgen.[23]

---

[23] Ich empfehle Dir, vielleicht ganz für Dich, einmal in den Wald zu gehen, einen eindrucksvollen Baum aufzusuchen und Dich an seinem Stamm niederzulassen. Atme tief ein und aus, lasse die Seele baumeln und genieße den Moment. Das ist die Idee des Waldbaden. Ganz einfach.

92

Ein Schüler kam zum Meister und sagte: Meister, ich
habe gehört, dass es in unserer eigenen Wahrnehmung
eine Phantasmagorie gibt, die die Welt, die wir sehen,
blendet und verzerrt. Wie kann ich diese Täuschungen
erkennen und mich von ihnen befreien?

Der Meister nahm eine Kerze und entzündete sie im
dunklen Raum. Schatten und wirbelnde Muster
tanzten an den Wänden, während das Licht flackerte.[24]

---

[24] S. a. das Höhlengleichnis von Platon.

93

Ein Schüler kam zum Meister und fragte: Meister, ich möchte die Prinzipien der Kommunikation besser verstehen. Kannst du mir das Sender-Empfänger-Modell erklären?

Der Meister führte den Schüler an einen stillen Waldteich und wies auf das Wasser. Mit einem Stein in der Hand sagte der Meister: Du siehst diese ruhige Wasseroberfläche? Stelle dir vor, sie repräsentiert eine Person, die bereit ist, eine Botschaft zu empfangen. Und dieser Stein ist ein Gedanke oder eine Information, die gesendet wird.

Der Meister warf den Stein sanft in den Teich. Die Wasseroberfläche wurde von Wellen durchzogen, die sich kreisförmig ausbreiteten.

Die Wellen, die der Stein erzeugt, sind wie die Botschaft, die vom Sender zum Empfänger übertragen wird. Die Kommunikation findet statt, wenn die Botschaft ihr Ziel erreicht und Einfluss auf die Stille des Empfängers nimmt, erklärte der Meister.[25]

---

[25] Eine umfängliche Literaturliste zum Thema Kommunikation findet sich in: Sascha Büttner, Anweisungen für den Coach, BoD, 2022

94

Ein Schüler kam zum Meister und fragte: Meister, wie kann ich die Wirksamkeit meiner Handlungen und meines Geistes verstehen und verbessern?

Der Meister führte den Schüler zu einem Feld, auf dem die Bauern die Früchte ihrer harten Arbeit ernteten. Der Meister beobachtete einen Bauern, der mit geschickten und präzisen Bewegungen das Getreide schnitt.

95

Ein Schüler kam zum Meister und fragte: Meister, wie kann ich mich in den Dingen verbessern, die ich tue? Welche Bedeutung haben Wiederholungen auf dem Weg zur Meisterschaft?

Der Meister führte den Schüler zu einem Fluss, beobachtete die sanften Wellen und sagte: Siehst du, wie das Wasser kontinuierlich über die Steine fließt? Mit der Zeit trägt die Wiederholung der Wellen die raue Oberfläche der Steine ab und glättet sie.

96

Ein Schüler kam zum Meister und fragte: Meister, ich möchte die Dinge in meinem Leben besser organisieren. Ich habe gehört, dass das Führen von Listen mir dabei helfen kann. Was sagt deine Weisheit dazu?

Der Meister führte den Schüler zu einem Stapel von Steinen und bat ihn, sie nach Größe zu sortieren. Als der Schüler fertig war, fragte der Meister: Hast du jetzt ein besseres Verständnis für die Steine?

97

Ein Schüler kam zum Meister und fragte: Meister, wie kann ich inmitten des Lärms des täglichen Lebens das wirklich Wichtige erkennen?

Der Meister führte den Schüler in den Garten und wies auf eine Blume am Boden. Sieh diese Blume. Inmitten des Grases, der Steine und des Laubs steht sie still und blüht. Sie steht nicht gegen die anderen Elemente an, sucht keine Aufmerksamkeit, dennoch verleiht sie Schönheit und Bedeutung ihren eigenen Raum.

98

Ein Schüler kam zum Meister und fragte: Meister, man sagt, dass die List keine Tugend ist, aber manchmal führt sie zu Vorteilen. Wie soll ich dies im Lichte der Weisheit verstehen?

Der Meister nahm den Schüler mit zu einem knorrigen, alten Baum. Schau diesen Baum an, sagte der Meister. Er hat Wind und Sturm überlebt, indem er sich biegt und den Stürmen nachgibt, anstatt ihnen zu widerstehen.

99

Ein Schüler kam zum Meister und fragte: Meister, ich habe von einer Methode gehört, die darauf abzielt, Verschwendung zu reduzieren und die Effizienz zu maximieren. Was können wir aus dieser Methode lernen?

Der Meister führte den Schüler zu einem gut gepflegten Garten und sagte: Beobachte diesen Garten. Der Gärtner hat nur das Nötigste getan, um den Pflanzen zu ermöglichen, in Harmonie zu wachsen und zu gedeihen. Er hat Unkraut entfernt, sicher aber keine Zeit und Energie verschwendet, indem er jeden Tag die Blätter geordnet hat.

100

Ein Schüler kam zum Meister und fragte: Meister, wie
kann ich sicherstellen, dass ich das Richtige auf die
richtige Weise tue?

Der Meister nahm den Schüler mit zu einem Topf
voller Pfeilspitzen und wies ihn an, sie näher zu
betrachten. Sieh diese Pfeilspitzen. Jede wurde von
ihrem Schöpfer sorgfältig und präzise geschliffen, um
die optimale Form für ihren Zweck zu erlangen. Doch
nur, wenn sie mit Geschick und Fokus abgeschossen
werden, treffen sie ihr Ziel.[26]

---

[26] S. a. Eugen Herrigel, Zen in der Kunst des Bogenschießens,
O.W. Barth, 2010

101

Ein Schüler kam zum Meister und fragte: Meister, ich wünsche mir, effizienter in meinem Leben und bei meiner Arbeit zu sein. Was kann ich von deiner Weisheit lernen, um meine Effizienz zu verbessern?

Der Meister führte den Schüler zu einem Fluss und zeigte auf die Strömung des Wassers. Beobachte das Wasser. Es findet immer den effizientesten Weg, indem es sich dem Lauf des Flusses anpasst und Hindernisse umgeht.

Der Meister fuhr fort: Effizienz bedeutet, sich auf den Moment zu konzentrieren und jeden Schritt auf dem Weg zur Vollendung einer Aufgabe mit Bewusstsein und Überlegung anzupassen. Wie das Wasser im Fluss, beuge dich den Gegebenheiten, mit Geschick und Fokus, dann wirst du die Effizienz erreichen, die du suchst.

102

Ein Schüler kam zum Meister und fragte: Meister, ich habe vom Prinzip des «Nicht-Handelns» gehört. Ist es wahr, dass man manchmal mehr erreichen kann, indem man bewusst nichts tut?

Der Meister führte den Schüler zu einem stillen Teich im Garten. Sieh das Wasser. Es bewegt sich nicht, aber langsam füllt es sich mit Leben, während Algen, Fische und andere Lebewesen gedeihen. Manchmal ermöglicht das bewusste Nicht-Handeln der Natur, ihren Lauf zu nehmen und Dinge in Harmonie wachsen zu lassen.

103

Ein Schüler kam zum Meister und fragte: Meister, ist es wahr, dass ein kleiner Mittagsschlaf unsere Energie und Effektivität steigern kann? Sollte ich dieser Praxis folgen?

Der Meister führte den Schüler zu einer sonnigen Stelle im Garten, wo ein alter, müder Hund auf der warmen Erde schlief. Sieh diesen Hund, sagte der Meister. In der Mittagshitze legt er sich zur Ruhe und schöpft neue Kraft für den Rest des Tages.

104

Ein Schüler kam zum Meister und fragte: Meister, manche Menschen verbringen ihre Tage in der Faulenzerei und machen sich keine Mühe, ihre Aufgaben zu erfüllen oder ihre Ziele zu verfolgen. Wie lässt sich das mit der Weisheit des Lebens in Einklang bringen?

Der Meister führte den Schüler zu einem Steinhaufen neben dem Hof. Sieh diese Steine hier, sagte der Meister. Sie liegen hier unbewegt, Monat für Monat, Jahr für Jahr. Doch in ihrer Ruhe erfüllen sie ihre Aufgabe, den Boden vor Erosion zu schützen und das Fundament unseres Hofs zu bilden.

105

Ein Schüler kam zum Meister und fragte: Meister, ich bin nun in einer Führungsposition und will wissen, wie ich meine Mitarbeiter am besten behandeln soll, um Harmonie und Produktivität zu fördern. Können Sie mir Weisheit und Rat geben?

Der Meister führte den Schüler zu einer Gruppe von Pflanzen, die in einem prächtigen Garten gediehen. Er sagte: Sieh diese Pflanzen. Sie sind alle unterschiedlich: einige sind hoch und stark, andere sind niedrig und flexibel. Jede ist einzigartig, dennoch verbindet sie das Leben, das in ihnen fließt.

106

Ein Schüler kam zum Meister und fragte: Meister, wie kann ich als Führungskraft dafür sorgen, dass meine Mitarbeiter meinen Vorgaben folgen und die gewünschten Ergebnisse erzielen?

Der Meister führte den Schüler zu einem Windspiel, das sanft im Wind wehte. Hörst du das Klingen des Windspiels?, fragte der Meister. Es erzeugt seine Melodie aufgrund der verschiedenen Elemente und Größen, die harmonisch zusammenwirken. Der Wind ist der unsichtbare Dirigent und bringt sie in Einklang.

107

Ein eiserner Griff
die Freiheit erstickend, schweigt –
Autoritarismus

108

Unter der Dämmerung des Nachthimmels wandere ich durch enge Gassen, zwischen beleuchteten Schaufenstern und historischen Fassaden hindurch. Das Gelächter und die Gespräche der Menschen, die sich in den zahlreichen Kneipen und Bars versammeln, verbinden sich zu einer vertrauten Melodie, die mich durch die Nacht trägt. Jede Tür, die ich passiere, enthüllt eine andere Welt voller Geschichten, die darauf warten, erzählt zu werden.

Getrieben von Neugier und der Sehnsucht nach Geselligkeit trete ich in eine gemütliche Kneipe ein. Beim ersten Schluck spüre ich, wie die Wärme des Whisky meine Kehle hinunterfließt und mein Herz erwärmt.

Lichter funkeln
Geschichten in der Nacht
Kneipen als Zuflucht

109

Ein alter Weiser wanderte durch ein Dorf und
begegnete einem eifrigen Ortsvorsteher, der unentwegt
daran arbeitete, Regeln und Vorschriften für die
Dorfbewohner zu entwerfen. Der Ortsvorsteher
erklärte stolz: Durch meine Regeln entsteht Ordnung
und Sicherheit im ganzen Dorf.

Der Weise lächelte sanft und sagte: Das Wasser fließt
nach seinem eigenen Weg, und die Bäume wachsen
dem Sonnenlicht entgegen. Und doch gibt es kein
Chaos in der Natur. Wie viele Regeln und Vorschriften
müssen wir den Menschen aufzwingen, bevor sie
aufhören, frei zu sein?

110

Ein Schüler kam zum Meister und fragte: Meister, was kann ich tun, dass meine Mitarbeiter keine Fehler mehr machen und ihre Aufgaben stets richtig ausführen?

Der Meister nahm den Schüler mit zu einem bekannten Töpfer, der im Dorf lebte. Sie beobachteten, wie der Töpfer sorgfältig einen Krug formte, aber plötzlich brach ein Stück ab. Der Töpfer blieb ruhig und begann seine Arbeit von vorn.

111

Ein Schüler kam zum Meister und fragte: Meister, wie
kann ich meine Mitarbeiter dazu bringen,
disziplinierter zu sein und sich mehr auf ihre Aufgaben
zu konzentrieren?

Der Meister führte den Schüler zu einem Bambushain
und zeigte auf die eleganten, aufrecht stehenden
Bambuspflanzen. Sieh diese Bambuspflanzen, sagte der
Meister. Sie sind gradlinig, stark und diszipliniert.
Dennoch sind sie auch flexibel und können sich den
Widrigkeiten anpassen.

112

Ein Schüler kam zum Meister und fragte: Meister, wie kann ich Aufgaben richtig delegieren, um mein Team effizient zu managen und ihre Fähigkeiten optimal zu nutzen?

Der Meister führte den Schüler zu einem Orchester, das in der Nähe spielte. Sie beobachteten, wie der Dirigent die verschiedenen Musiker führte.

113

Ein Schüler kam zum Meister und fragte: Meister, wie kann ich Selbstmanagement und Selbstfürsorge praktizieren, um Balance in meinem Leben zu finden und meine Aufgaben effektiv zu erfüllen?

Der Meister führte den Schüler zu einem idyllischen Teich und zog die Aufmerksamkeit auf die verschiedenen Tiere und Pflanzen, die miteinander harmonierten.

114

Ein Schüler kam zum Meister und fragte: Meister, ist es ratsam, mein berufliches und privates Leben strikt zu trennen, oder können beide Aspekte gleichermaßen zu meiner Entwicklung beitragen?

Der Meister führte den Schüler zu einem wunderschönen, gesunden Baum. Sieh diesen Baum, sagte der Meister. Seine Wurzeln sind tief in der Erde verankert und versorgen ihn mit den notwendigen Nährstoffen. Gleichzeitig strecken seine Äste und Blätter sich hoch in den Himmel, um Sonnenlicht und Sauerstoff aufzunehmen. Beide Aspekte sind essentiell für das Wachstum und das Gedeihen des Baumes.

115

Ein Schüler kam zum Meister und fragte: Meister, ich habe einige psychische Probleme, die mich belasten. Soll ich im Job darüber sprechen oder sie für mich behalten, um meine Stellung nicht zu gefährden?

Der Meister führte den Schüler zu einer Gruppe von Wildgänsen und sagte: Beobachte diese Wildgänse. Sie sind einander verbunden und stützen sich in ihrer Gemeinschaft, wenn sie verschiedene Lebensabschnitte und Herausforderungen zusammen erleben und bewältigen.

116

Ein Schüler kam zum Meister und fragte besorgt:
Meister, in der Zukunft werden KI und Menschen
gemeinsam arbeiten. Wie können wir sicherstellen,
dass wir in Harmonie zusammenarbeiten und unsere
Menschlichkeit bewahren?

Der Meister führte den Schüler zu einem Garten und
zeigte auf eine Pflanze, die von vielen Bienen besucht
wurde. Siehst du die Bienen und die Pflanze? fragte der
Meister. Die Bienen sammeln den Nektar, während die
Pflanze von der Bestäubung profitiert. Beide leben in
Symbiose und unterstützen sich gegenseitig, ohne ihre
eigene Natur einzubüßen.

117

Ein Schüler kam zum Meister und fragte: Meister, wie kann ich ein erfolgreicher Facilitator sein und anderen helfen, in unseren Diskussionen und Treffen effektiver zu kommunizieren?

Der Meister führte den Schüler zu einem See. Die Oberfläche des Sees war ruhig und spiegelglatt. Sieh dieses stille Gewässer, sagte der Meister. Es reflektiert die Welt um sich herum und ermöglicht uns, unsere Umgebung und uns selbst klarer zu sehen.

118

Ein Schüler kam zum Meister und fragte: Meister, in einer Welt, in der ständiges Wachstum und Expansion geschätzt werden, wie sollen wir uns mit der Unvermeidbarkeit des Endes des Wachstums auseinandersetzen?

Der Meister führte den Schüler zu einem alten Baum, dessen Äste und Blätter wogten sanft im Wind. Betrachte diesen Baum, sagte der Meister. In seinen vielen Jahren hat er sowohl Wachstum als auch den Verlust von Zweigen und Blättern erfahren. Dennoch hat er sich angepasst und eine natürliche Balance gefunden, in der er weiterhin gedeiht und den Lebensraum um sich herum unterstützt.

119

In der Kantine prallten unzählige Stimmen und Düfte aufeinander. Von draußen drang durch das Fenster das Licht der Mittagssonne herein und beleuchtete die unterschiedlichen Gerichte auf den schmalen Tabletts der Besucher.

Die Menschen kamen von überallher, aus Büros und Besprechungsräumen, ihre Gespräche miteinander verbindend wie das unablässige Weben eines unsichtbaren Netzes. Angestellte und Vorgesetzte fanden hier gemeinsam einen Moment der Ruhe, ein Innehalten inmitten des Tages.

Lautes Lachen mischte sich mit dem Klirren von Besteck und Geschirr. Manche erzählten von ihren Kindern, ihren Reisen, ihren Träumen, während andere die Stille zwischen den Bissen genossen.

Vor der Kantine, ein kleiner Garten, wo eine hölzerne Bank den Menschen zur Rast und Kontemplation einlud. Hier genoss man die Melodie der zwitschernden Vögel und das Rascheln der Blätter, getragen vom sanften Wind. Der angestaute Stress schien sich allmählich zu lösen, während die Natur ihren Frieden und ihre Stille teilte.

Ein letzter Bissen, dann
Der Geschmack von Freiheit, kurz
Mittagspause, flüchtig

120

Ein Schüler kam zum Meister und fragte: Meister, wie
können wir wirtschaftliche Zwänge und
Unsicherheiten überwinden und trotzdem ein erfülltes
Leben führen?

Der Meister führte den Schüler zu einem Fluss, an
dessen Ufer viele Pflanzenarten gediehen. Beobachte
diesen Fluss, sagte der Meister. Er fließt unablässig,
immer in Bewegung und nie still. Das Wasser sucht
stets den Weg des geringsten Widerstands, und doch
formt es die Landschaft um sich herum.

121

Das Konferenzzentrum, geprägt von modernen Glas-
und Stahlskulpturen, diente als Treffpunkt und
Schnittpunkt der Gedanken und Ideen aus aller Welt.
Eine Vielzahl an Menschen strömte herein – Gelehrte,
Forscher, Erfinder und Enthusiasten – wissbegierig und
entschlossen, die Geheimnisse der Welt zu erkunden.

In den Hallen und Räumen dieses Zentrums wurden
Gedanken ausgetauscht, Visionen diskutiert und
Zukunftsentwürfe geschmiedet. Seine Wände waren
Zeugen des Forschungsdrangs, der Entdeckungen und
des unermesslichen Wunsches, die Grenzen des
Möglichen zu erweitern.

In den Pausen füllten sich die Flure mit Gesprächen,
denen man nur zu gern lauschte, um seinen Geist zu
beflügeln und an der gemeinsamen Intelligenz der
Anwesenden teilzuhaben. Inmitten dieser einzigartigen
Atmosphäre aus Neugier und Aufbruch entstand stets
das Gefühl, etwas Bedeutsames zu erleben.

Ruhige Ecken, in denen
Gedanken fliegen und landen –
Konferenzzone erwacht

122

Irrtum flüchtig
Ein Lernmoment erblüht
Weiter geht der Pfad

123

Fehler geschehen
Lehren uns, wie wir wachsen
Weisheit im Stolpern

124

In der Mittagsruh
Die Sonne wärmt das Gesicht
Frieden erfüllt mich

125

Am Meetingpoint, einer belebten Kreuzung von Schicksalen und Erwartungen, trafen sich vertraute Gesichter und Fremde, um gemeinsam auf eine neue Reise zu gehen. Die Pfade kreuzten sich hier, ob für einen kurzen Augenblick oder für lange, bedeutungsvolle Verbindungen.

Menschen lachten, winkten, begrüßten einander. Freundliche Worte und aufgeregte Gespräche formten ein unsichtbares Gewebe, das diese Seelen zueinander zog.

Unerwartete Synergien entstanden, während einander fremde Menschen plötzlich gemeinsame Ziele und Träume entdeckten. Sie schritten vorwärts, Hand in Hand, die Unsicherheit des Unbekannten ignorierend, denn sie waren nicht mehr allein.

Am Meetingpoint vereint –
Wege kreuzen sich, Schicksale treffen
geflochtene Geschichten

126

Ein Schüler kam zum Meister und fragte: Meister, wie können wir unsere Organisation effektiv leiten und Erfolge erzielen?

Der Meister führte den Schüler zu einem Garten und zeigte ihm die vielen verschiedenen Pflanzen, die dort wuchsen. Siehst du all diese Pflanzen?, fragte der Meister. Jede hat ihre eigene Rolle und Funktion im Garten. Einige bieten Schatten, einige Früchte, und andere wiederum sind für ihre Schönheit da. Doch zusammen bilden sie ein harmonisches Ganzes.

127

Eisige Blicke
gebieten Stille und Furcht
Autorität spricht

128

Ein Suchender kam zum Weisen und fragte: Meister, was ist der Zweck einer Organisation?

Der Weise antwortete: Komm, betrachte den Fluss. Sie gingen zum Flussufer und beobachteten das Wasser, das sanft dahin floss, und die Fische, die in ihm schwammen.

129

Ein Schüler näherte sich dem Meister und stellte die Frage: Meister, ist eine Organisation ein Teil ihrer Umwelt?

Der Meister nahm den Schüler mit zu einem alten, großen Baum und sagte: Sieh diesen Baum, er ist tief verwurzelt, streckt seine Äste nach oben und spendet Schatten und Lebensraum für viele Wesen. Er ist Teil dieser Erde, der Luft und des Wassers, das ihm Nahrung gibt.

130

An einem Herbstmorgen betrat ich die beeindruckende
Eingangshalle einer alten Villa. Eine imposante Treppe
führte zu der großen Eingangstür, in der kunstvolle
Schnitzereien unzählige Geschichten erzählten. Das
Licht schien sanft durch bunt gefärbte Fenster und
tanzte auf dem Marmorboden, während der Duft von
nassen Blättern die Luft erfüllte.

Leises Knarren der Tür
Echos künden vom Erwachen
Vergangene Zeit erwacht

In der Halle staunten meine Augen über die mit
Bildteppichen geschmückten Wände, die von
vergangenen Festen und erhabenen Persönlichkeiten
zeugten. Ein großer, prächtiger Kronleuchter hing von
der Decke herab und bezeugte die einstige Pracht der
Villa. Die Eingangshalle schien in Vergessenheit
geraten zu sein, doch konnte ich den Geist derjenigen
spüren, die sie einst bevölkerten.

Golden leuchtend
Fenster erzählen Geschichten
Ewiglich gehüllt

131

In einer fernen Stadt voller Irrungen und Wirrungen gab es einst eine mächtige Organisation, die sich zum Ziel gesetzt hatte, jedes Detail des täglichen Lebens mit Regeln zu ordnen. Die Anführer der Organisation vertraten die feste Überzeugung, dass Regeln die Lösung für alles seien – die Ordnung, die Klarheit und die Struktur, die nötig seien, um die Stadt zu regieren und Chaos und Missverständnisse zu verhindern.

Mit jeder neuen Regel, die eingeführt wurde, entstanden jedoch neue Herausforderungen und Unklarheiten. Um diese aufzulösen, entwickelten die Anführer weitere Regeln, die die Anwendung und Interpretation der bestehenden Regeln regeln sollten. Dies wiederholte sich, bis ein dichtes Netzwerk aus Regeln das tägliche Leben der Stadtbewohner reglementierte – so umfangreich, dass es niemand mehr begreifen konnte.

Ein Prokurist der Organisation, Josef K., bemerkte als Erster die Situation, in der sie sich befanden. Er hatte den Großteil seines Lebens damit verbracht, Regeln zu studieren, um ein perfekter Diener des Systems zu werden. Doch nun, als er sah, wie diese Anweisungen zu Komplikationen und Widersprüchlichkeiten führten, entschied er sich, innerhalb der Organisation für Veränderungen einzutreten.

K. entwarf einen Plan, um eine effektivere und logischere Regelstruktur zu entwickeln – eine, die sowohl einfacher umzusetzen als auch einfacher zu verstehen war. Er stieß jedoch auf erheblichen Widerstand, da die Anführer der Organisation an ihren Regeln festhielten und die Fassade der allumfassenden Ordnung nicht aufgeben wollten.

Trotz K.'s Argumenten und den Appellen der Stadtbewohner setzte sich der sich selbst erhaltende, unüberschaubare Regelapparat fort. Die Organisation beharrte darauf, weiterhin Regeln zu schaffen, um ihre eigenen Regeln zu regeln, und die Spirale des bürokratischen Irrsinns drehte sich weiter.

Es wurde ein verwirrendes Labyrinth aus Regeln geschaffen, das die Stadt und ihre Bewohner zu ersticken drohte, doch erstaunlicherweise brachte es die Menschen näher zusammen. In dem Bemühen, sich durch das Regelwerk zu navigieren, bildeten die Stadtbewohner Gruppen, um sich gegenseitig zu unterstützen. Selbst in den verheddertsten Momenten fanden sie in der gemeinsamen, kreativen Bewältigung der absurden Regeln, die ihr Dasein gängelten, etwas Wertvolles – eine einzigartige Gemeinschaft, um sich gegen die Unbilden der Organisation zur Wehr zu setzen.

132

An einem regnerischen Sommertag, begleitet vom
Geruch frischer, feuchter Erde, führte mich meine
Neugier zur Produktionsstraße[27]. Umgeben von
architektonischen Wundern, die Moderne und Antike
miteinander verbanden, war dieser Ort das Zentrum
unzähliger Geschichten. Hier begegnete ich den
einfallsreichen Menschen, die mit Hingabe an das
größere Ganze arbeiteten und die alltäglichen Wunder
bewahrten.

Regentropfen küssen
Erde atmet, Geister sind
in stiller Harmonie

Auf der Produktionsstraße brummten Maschinen im
präzisen Rhythmus und faszinierten mich durch ihre
koordinierten Abläufe. Hier entstehen bildliche
Symphonien aus Leidenschaft, Natur und Kreativität.
In engem Zusammenspiel formten Mensch und
Maschine Kunst und Poesie und setzten Worte in die
Welt, die Herzen berührten und Seelen verbanden.

Worte fließen sanft
Gedanken, Gefühle weben
ewige Geschichten

---

[27] Gemeint ist hier die Erweiterung einer Fertigungsstraße im
wirtschaftlichen Kontext.

Am Ende des Tages sah ich empor zum Himmel, der klarte auf und offenbarte das sternenklare Firmament. Wohl wissend, dass das ewige Zusammenspiel von Wissenschaft, Technik und Poesie hier auf der Produktionsstraße fortbestehen würde, erfüllte mich Freude und Vertrauen in die Zukunft.

Sterne füllen Nacht
Innovation, Poesie
vereint, unermüdlich

133

In der Montagehalle, wo Maschinen schwere Lasten hievten und Arbeiter geschäftig ihre Aufgaben ausführten, spürte ich die pulsierende Energie menschlichen Schaffens und technischer Raffinesse. Ein feines Ballett aus Präzision und Teamarbeit entwickelte sich vor meinen Augen, während ich den Fluss der Produktion beobachtete.

Draußen, hinter den Fenstern der Halle, schimmerte der Regen sanft vor dem Himmel. Der Duft von geschmolzenem Metall und Schweiß mischte sich in der Luft mit dem Geruch von feuchter Erde und grünen Blättern. In dieser seltsamen Symbiose aus Industrie und Natur entdeckte ich die Schönheit des menschlichen Strebens, stets begleitet von der unaufhaltsamen Kraft der Jahreszeiten.

In der Montagehalle –
Zwischen Maschinen und Mensch
Die Natur atmet

134

Der weise Meister wanderte an einem klaren Morgen
entlang eines Flusses und begegnete einem jungen
Menschen, der am Ufer in tiefen Gedanken versunken
war. Der junge Mensch sah den Meister und bat ihn
um Rat: Meister, ich grüble über die Natur des Körpers
nach. Wie kann ich die Grenzen des Körpers definieren,
wenn die Atome anderer Dinge unaufhörlich in meinen
Körper eindringen und meine eigenen Atome sich
ständig im Äther verlieren?

Der Meister blickte auf das fließende Wasser und
antwortete: Beobachte den Fluss: Er besteht aus vielen
einzelnen Wassertropfen, die sich vermischen, trennen
und sich ständig verändern. Dennoch erkennen wir die
Existenz des Flusses und seiner Bewegung.

135

Eines Tages traf ein Schüler seinen Meister im Garten
und stellte ihm eine Frage: Meister, wie können wir uns
von Zwängen befreien, um wahre Freiheit zu erlangen?

Der Meister nahm zwei kleine Steine aus seiner Tasche
und gab einen an den Schüler. Halte diesen Stein fest
und lass ihn nicht los, sagte der Meister.

136

Ein Schüler näherte sich seinem Meister und fragte: Meister, wie können wir unterscheiden, ob ein Tag gut oder schlecht ist?

Der Meister lächelte und antwortete: Ein guter Tag und ein schlechter Tag sind wie die Wolken am Himmel. Mal sind sie da, mal sind sie weg. Sie sind temporär und beurteilen das Leben nicht wirklich. Das wirkliche Leben fließt wie ein ewiger Strom, ohne Anfang und Ende.[28]

---

[28] S. a. Marcus Bergfelder, die grüne Krone, tredition, 2023

137

An einem klaren Morgen erwache ich, noch müde von den Träumen der Nacht, und mache mich bereit für einen neuen Tag. Die aufgehende Sonne malt ein goldenes Licht in mein Zimmer, während ich meine Tasche packe und mich auf den Weg zur Arbeit mache. Die Straßen sind noch still, nur das Gezwitscher der Vögel und das Summen der Natur erfüllen die Luft.

Ich gehe durch die Straßen, jenen vertrauten Gang, Tag für Tag. Dabei bemerke ich die kleinen Veränderungen im Rhythmus der Jahreszeiten. Das Grün der Bäume geht durch seinen endlosen Tanz von Leben und Tod, und die knorrigen Wurzeln strecken sich seitlich aus, als wollten sie mich begleiten.

Unterwegs begegne ich immer dem gleichen Straßenkehrer, ein sanftmütiger Mann, der die Blätter zusammenfegt und die Ordnung des Gehwegs aufrecht hält. Wir nicken uns zu, ein stilles Zeichen der Zusammengehörigkeit zwischen zwei Fremden. Jeder von uns folgt seiner eigenen Lebensreise.

Die Brücke über den Fluss funkelnd im Morgenlicht, zeigt ein Gemälde von Licht und Schatten. Jedes Mal, wenn ich diesen Punkt erreiche, kann ich nicht umhin, einen tiefen Atemzug zu nehmen und die Schönheit der Welt um mich herum zu bewundern.

Langsam naht der Morgen –
über stillen Wassern
der Weg zur Arbeit

138

Ein Lehrling besuchte einen weisen Meister und äußerte den Wunsch, ein erfolgreicher Coach zu werden. Meister, sagte er, ich möchte Menschen helfen und sie auf ihrem Weg zum Erfolg begleiten. Was ist das Geheimnis eines guten Coachs?

Der Meister führte den Lehrling zu einem stillen Teich und bat ihn, auf das Wasser zu schauen. Was siehst du?, fragte der Meister.[29]

---

[29] S. a. Sascha Büttner, Anweisungen für den Coach, BoD, 2022

139

Ein Schüler näherte sich seinem Meister und fragte:
Meister, was hältst du vom Müssiggang? Ist der
wirklich so schlecht, wie es die Leute sagen?

Der Meister führte den Schüler zu einem ruhigen
Garten und zeigte ihm einen Apfelbaum, der in voller
Blüte stand. Siehst du diesen Apfelbaum?, fragte er.
Man könnte meinen, er wiegt sich nur gemütlich im
Wind. Und doch steht er fest verwurzelt und trägt
Früchte, die für uns alle von Nutzen sind.

Der Schüler nickte zustimmend, aber der Meister fuhr
fort: Nun sieh dir die Pflanzen hier am Boden an. Sie
sind überwuchert von anderen und können nicht genug
Sonnenlicht und Nährstoffe bekommen. Sind sie der
Müßiggänger, an den du gedacht hast?

140

In einem abgelegenen Kloster lehrte ein weiser Meister
seine Schüler über den Weg zur Erleuchtung. Eines
Tages bat ein Schüler den Meister um Rat: Meister, wie
kann ich die Kunst der Selbstreflexion erlernen, um
mein Innerstes zu verstehen?

Der Meister nahm den Schüler mit zu einem ruhigen,
stillen See im Herzen des Klosterwaldes. Sie standen
am Ufer und der Meister sagte: Schau in das Wasser.
Was siehst du?

141

Ein begieriger Schüler suchte Rat bei seinem Meister und fragte: Meister, wie kann ich am effektivsten lernen und unter all dem Wissen Erleuchtung erlangen?

Der Meister nahm den Schüler mit in die Küche des Klosters und zeigte ihm ein Glas, das bis zum Rand mit Wasser gefüllt war. Er fing an, Wasser in das überfüllte Glas zu gießen, und das Wasser lief über den Rand und verteilte sich auf dem Boden.

142

Ein vielbeschäftigter Schüler beeilte sich, seine täglichen Arbeiten zu beenden, um seine Ruhezeit zu genießen. Nachdem er seine Aufgaben erledigt hatte, eilte er zum Meister und sagte: Meister, ich habe meine Arbeit für den Tag abgeschlossen, und jetzt freue ich mich auf meinen Feierabend. Wie soll ich diese Zeit am besten nutzen?

Der Meister lächelte und sagte: Schau zu den Bäumen, die vor unserer Tür stehen. Der Wind flüstert sanft durch ihre Blätter, und sie wiegen sich in Harmonie mit ihrem eigenen Rhythmus. Sie streben nicht danach, ihre Zeit mit Hektik zu verbringen, und dennoch ist jede Tätigkeit des Baumes im Dienste des Lebens.

143

Nach einem langen Tag voller Arbeit verlasse ich schließlich das Bürogebäude und trete hinaus in die Dämmerung. Die untergehende Sonne malt den Himmel in warmen Orangetönen und sanften violetten Nuancen, während sich die Stadt fürs Nachtleben fein macht. Nach und nach lasse ich die geschäftigen Straßen hinter mir, um den idyllischen Pfad entlang des Flusses einzuschlagen. Der kühle Wind streicht sanft über mein Gesicht, und ich spüre, wie die Last des Tages langsam von meinen Schultern fällt.

Eine Gruppe Wildenten zieht anmutig ihre Bahnen auf dem Fluss und verschmilzt mit dem leuchtenden Abendlicht zu einer Szene der reinen Schönheit. Die Natur scheint für einen Moment stillzustehen, und ich lasse meine Gedanken fliegen, befreit von der Schwere der täglichen Routine.

Abendbrise flüstert –
Wildenten gleiten sanft dahin
Heimkehr der Seele

144

Ein Schüler näherte sich seinem Meister mit einer Frage über Konflikte. Meister, fragte er, wie können wir Konflikte am besten lösen oder ihnen sogar vorbeugen?

Der Meister führte den Schüler in einen Raum, in dem zwei Spiegel gegenüberstanden. Er deutete auf die Spiegel und sagte: Beobachte, wie das Bild im ersten Spiegel in den zweiten Spiegel reflektiert wird und zurück zum ersten, wie eine endlose Kette von Reflexionen.

145

Ein Schüler kam zum Meister und fragte: Meister, wann ist ein Team wirklich ein Team? Welche Eigenschaften müssen vorhanden sein, damit eine Gruppe von Personen als Team betrachtet werden kann?

Der Meister lächelte und führte den Schüler zu einem nahe gelegenen Fluss. Er warf einen Stein ins Wasser und Tropfen spritzten in alle Richtungen. Er wandte sich an den Schüler und sagte: Beobachte, was geschieht, wenn ich den Stein ins Wasser werfe.

146

Ein Schüler trat an seinen Meister heran und fragte:
Meister, wie kann ich in meiner Praxis Selbstvertrauen
aufbauen und meine Zweifel überwinden?

Der Meister nahm einen kleinen Tonkrug und füllte
ihn mit Wasser aus einem Brunnen. Dann reichte er
den Krug an den Schüler und sagte: Halte den Krug
und konzentriere dich auf das Wasser.

147

Während ich durch das Bahnhofsviertel schlendere, nehmen meine Sinne die pulsierende Vielfalt dieser Gegend in sich auf. Die Geschäftigkeit der Passanten, die bunten Fassaden der Gebäude und die verführerischen Düfte exotischer Küche verweben sich zu einem lebendigen Mosaik des städtischen Lebens. Die Straßen sind bevölkert von Menschen unterschiedlicher Herkunft, die alle ihre eigenen Geschichten und Träume in das reiche Gefüge dieses Stadtviertels einbringen.

Als ich einen Hinterhof betrete, umfängt mich die gedämpfte Atmosphäre einer verborgenen Oase. Ein alter Apfelbaum wiegt sich sanft im Wind und erinnert daran, dass dieses Viertel einst ein ruhiger Ort war, lange bevor die Stadt ihren inzwischen so markanten Charakter annahm.

Apfelblütenduft –
In der Hektik der Stadt
Ein Hauch von Ruhe

Mit dieser unerwarteten Begegnung vor meinem geistigen Auge lasse ich mich weiter durch das Viertel treiben, dessen Facetten ebenso reich und überraschend wie die Geschichten der Menschen sind, die es bewohnen.

148

Ein Schüler kam zum Meister und fragte: Meister, wie kann ich wissen, wer ich wirklich bin? Ich suche meine wahre Identität, aber oft verliere ich mich in der Vielzahl meiner Gedanken, Emotionen und Erfahrungen.

Der Meister antwortete nicht sofort. Stattdessen führte er den Schüler hinaus in den Garten und zeigte ihm einen kleinen, unscheinbaren Felsbrocken. Schau auf diesen Stein, sagte der Meister. Er ist ein Teil dieses Gartens. Ist er weniger wertvoll als die Blumen und Bäume? Und ist er nicht ebenso Bestandteil der Harmonie dieses Ortes wie alles andere hier?

149

Ein junger Mann, der in einer kleinen Stadt lebte, fühlte sich aufgrund der hohen Erwartungen seiner Familie unter Druck gesetzt. Er suchte Trost in Gesprächen mit seinen Freunden, aber er merkte bald, dass er sich selbst nicht liebte und kein wirkliches Verständnis für seine eigenen Bedürfnisse hatte.

Also begab er sich auf eine Reise, um die Bedeutung der Selbstliebe zu entdecken. Auf seinem Weg traf er verschiedene Lehrer, die ihm Ratschläge und Anekdoten aus ihrem eigenen Leben anboten. Sie sprachen von Geduld, Akzeptanz, Selbstmitgefühl und der Bedeutung stiller Selbstreflexion.

Der Wanderer schloss sich einer Gruppe an, die sich regelmäßig traf, um über ihre inneren Kämpfe und das, was sie auf ihrem Weg gelernt hatten, zu sprechen. Mit der Zeit begann der junge Mann zu begreifen, dass Selbstliebe aus kleinen Schritten und freundlichen Entscheidungen bestand, die er jeden Tag für sich selbst treffen konnte.

Er lernte, sich selbst mehr Raum und Zeit für seine eigenen Gedanken und Gefühle zu geben, und lernte allmählich, wie er sich liebevoll um seine eigenen

Bedürfnisse kümmern und seinen inneren Kritiker und Antreibern respektvoll begegnen konnte.[30]

30 S. a. Maritgen Matter, Anke Faust, Ein Schaf fürs Leben, Verlag Friedrich Oetinger, 2007
S. a. Janosch, oh wie schön ist Panama, Beltz & Gelberg Verlag, 2005
S. a. Friedemann Schulz von Thun, Miteinander reden, Band 3, Rowohlt, 2003
S. a. Erika J. Chopich, Aussöhnung mit dem inneren Kind, Ullstein, 2009
S. a. Thich Nhat Hanh, Versöhnung mit dem inneren Kind, O. W. Barth, 2011

150

Ein Schüler näherte sich seinem Meister und fragte: Meister, nachdem wir «Guten Tag»[31] gesagt haben, was sollen wir als nächstes sagen? Manchmal weiß ich nicht, wie ich fortfahren soll.

Der Meister antwortete: Wenn der erste Gruß gesprochen ist, ist es so, als würde man eine Türe öffnen. Was du als nächstes sagst, ist nicht so wichtig wie die Haltung, die du einnimmst und die Bereitschaft, dem anderen zu begegnen.

---

[31] S. a. Eric Berne, was sagen Sie, nachdem Sie «Guten Tag» gesagt haben?, Fischer Taschenbuch Verlag, 2002

151

Ein Schüler kam zum Meister und sagte: Meister, jedes
Mal, wenn ich in eine Diskussion gerate, spüre ich eine
Mauer zwischen mir und meinem Gegenüber. Wie
kann ich meine Abwehrhaltung ablegen und mich offen
für das Unbekannte zeigen?

Der Meister führte den Schüler zu einem kleinen Boot,
das am Flussufer vertäut war. Er sagte: Stell dir vor,
dieses Boot ist unser Verstand. Der Fluss repräsentiert
die Kommunikation. Wir beladen das Boot mit unseren
Argumenten, um sicher zu sein, dass wir nicht
untergehen. Doch dieser Panzer hindert uns am
Vorankommen und Entdecken neuer Ufer unserer
eigenen Wahrnehmung und des Verstehens anderer.

152

Ein Weiser stand am Ufer eines Flusses und beobachtete spielende Kinder im Wasser. Ein Schüler trat zu ihm und fragte: Meister, was ist das Geheimnis des inneren Kindes?

Der Weise antwortete: Schau auf das Wasser und sieh, wie es fließt, ohne anzuhalten oder zurückzublicken. Es bleibt nicht an einem Ort und hindert sich nicht selbst. Es ist im ständigen Wandel, und doch bleibt seine Essenz unverändert.

Der Schüler war verwirrt und sagte: Aber das ist Wasser, Meister, kein Kind.

153

Der alte Meister und sein Schüler standen am Ufer
eines plätschernden Flusses, das Wasser schimmerte
und glitzerte im Licht der Sonne. Der Schüler fragte
seinen Meister: Was ist der Sinn des Wäsche Waschens
und unserer täglichen Aufgaben inmitten des riesigen
Universums?

Der Meister lächelte, zog eine schmutzige Robe aus
seiner Tasche und begann, sie im klaren Wasser des
Flusses zu waschen. Anschließend hängte er sie
zwischen den Zweigen eines Baumes, um sie trocknen
zu lassen.

154

Ein Schüler kam zum Meister, vom Tod eines geliebten Menschen tief betroffen, und fragte: Meister, wie sollen wir mit dem Verlust umgehen, den der Tod mit sich bringt, und wie können wir unsere Angst vor dem Sterben überwinden?

Der Meister nahm den Schüler mit zu einem abgestorbenen Baum im Wald. Sie standen eine Weile in Stille und beobachteten den alten, knorrigen Baum. Schließlich sagte der Meister: Siehst du diesen Baum? Obwohl er abgestorben ist, ist er immer noch ein wichtiger Teil dieser Landschaft. Er bietet Nahrung für Insekten, Schutz für kleine Tiere und ist ein Ort für Vögel, um ihre Nester zu bauen.

155

Ein Schüler kam zum Meister und sagte besorgt:
Meister, ich habe Angst vor der Vergänglichkeit des
Lebens. Alles, was ich kenne und liebe, wird eines
Tages vergehen. Wie kann ich Frieden mit dieser
Realität finden?

Der Meister führte den Schüler zu einem Blumengarten
und zeigte auf die vielen Blumen, die in voller Blüte
standen. Betrachte diese Blumen, sagte der Meister. Sie
sind wunderschön und duftend, aber sie werden nicht
ewig halten. Dennoch ist ihre Vergänglichkeit genau
das, was sie so wertvoll und kostbar macht.

156

K. stand kurz davor, das *metalabor* zu verlassen und in die Welt hinauszugehen, um sein eigenes Leben zu führen. Er ging zum Hausvater und fragte: Meister, ich habe hier viel gelernt und bin bereit, mich der Welt zu stellen. Wie soll ich von diesem Ort und den Menschen, die ich hier liebgewonnen habe, Abschied nehmen?

Der Hausvater führte K. hinaus und zeigte ihm einen Fluss, der friedlich durch das Tal floss. Abschiede sind wie das Wasser in diesem Fluss, sagte der Hausvater. Manchmal sind sie ruhig und zart, manchmal turbulent und kraftvoll. Aber letztendlich ist es die ewige Bewegung des Lebens, die uns vorwärts treibt.

157

Die Sonne streift sanft die Baumwipfel und erwärmt
die Erde, während ich die mächtige Eiche betrachte, die
allein inmitten einer Lichtung steht. Ihre Wurzeln
greifen tief in den nährstoffreichen Boden, ohne
Anzeichen von Schwäche oder Furcht. Majestätisch
erhebt sie sich gen Himmel, ihre Zweige ausgestreckt
wie in ständiger Umarmung der Welt.

Ich spüre die Stille, die sie umgibt, und frage mich, wie
viele Geschichten in ihrer Rinde eingraviert sind.
Jahrhunderte haben sie begleitet, Unwetter und Stürme
überstanden. Ihre Beständigkeit erfüllt mich mit
Ehrfurcht.

Stehen wie ein Baum[32]
Wind weht, Äste biegen sich
Kraft bleibt trotz der Zeit

---

[32] «Stehen wie ein Baum», chinesisch Zhan Zhuang Gong, ist
eine einfache und doch komplexe Übung im Qigong. Im
Internet und der Fachliteratur finden sich zahlreiche
Anleitungen und Beschreibungen über die Wirksamkeit.

158

Ein neugieriger Schüler kam zum Meister und fragte: Meister, was ist wichtiger: Die richtige Haltung oder das Wissen, um im Leben erfolgreich zu sein?

Der Meister führte den Schüler zu einem nahegelegenen Teich und zeigte auf die Wasseroberfläche. Er sagte: Sieh diesen Teich, in dem Wasser und Licht miteinander interagieren. Wissen ist wie das Wasser – klar, nährstoffreich und die Basis für Wachstum. Haltung hingegen ist wie das Licht – es fällt auf das Wasser und lässt es in den schönsten Farben schillern. Beide sind wesentliche Elemente für ein erfülltes Leben, doch erst ihre Kombination ermöglicht wahre Schönheit und Harmonie.

159

Der Himmel war heute von einer bleiernen Farbe, als ich aus dem Fenster meines Büros schaute. Nichts schien sich dort draußen zu bewegen, keine Wolken, keine Vögel. Nur ein dünner, stiller Schleier trennte mich von der Außenwelt. Trotz dieser Stille war der Raum um mich herum erfüllt von den Geräuschen meiner Kollegen, die leise tippten, Telefonate führten und papierne Bergketten auf ihren Schreibtischen auftürmten.

Vor dem Fenster, so schien es, lag jedoch eine andere Welt – ein kleines Universum, das sich unaufhaltsam entfaltete. Ein einzelner Grashalm auf dem Fensterbrett wuchs langsam und stetig, sich dem Himmel entgegenstreckend, voller Hoffnung.

Mitten in der Eintönigkeit der tagtäglichen Arbeit blickte ich immer wieder auf diesen einsamen, kleinen Helden. Denn in seiner Verwundbarkeit liegt Kraft und in seiner Ausdauer eine stumme Botschaft.

Am Abend verabschiedete sich das Licht des Tages in sanften violetten Tönen. Der Wind begann sanft zu wehen und die Schleier des Tages lösten sich auf.

Bleiches Licht bricht ein
Der Grashalm neigt sich dem Wind
Stärke im Kleinen

160

Ein Manager, der umsichtig mit den Bedürfnissen
seiner Mitarbeiter umgehen wollte, suchte Rat bei
einem weisen Meister und fragte: Meister, wie kann
ich in meinem Unternehmen Raum für die Bedürfnisse
meiner Mitarbeiter schaffen, ohne dabei die Effizienz
und Produktivität zu beeinträchtigen?

Der Meister führte den Manager zu einem großen,
blühenden Garten und sagte: Sieh dir diesen Garten an.
Er gedeiht durch die Vielfalt der Pflanzen, die hier
wachsen, und zieht zahlreiche Schmetterlinge, Vögel
und Insekten an. Alles lebt in natürlichem
Gleichgewicht und Harmonie.

161

Ein Schüler lag krank im Bett, aber er war besorgt,
seine Pflichten bei der Arbeit zu vernachlässigen. Er
rief den Meister herbei und fragte: Meister, ich bin
krank und kann nicht zur Arbeitsstelle gehen. Wie
kann ich meinen Verpflichtungen trotz meiner
Abwesenheit gerecht werden?

Der Meister lächelte sanft und antwortete: Lass mich
dir von einem Fluss erzählen, der seinen Weg durch das
Land zieht. Manchmal ist er kraftvoll und reißend,
manchmal fließt er ruhig und still. Bei Hindernissen
macht er Umwege, und nach Dürrephasen füllt er sich
wieder auf.

162

Ein Meister und sein Schüler saßen am Ufer eines
Flusses und beobachteten das Wasser, das vorbeifloss.
Der Schüler fragte: Meister, das Flusswasser ist ständig
in Bewegung und doch scheint es geordnet und
vorhersehbar. Ist das Chaos ein definierter Zustand?

Der Meister antwortete: Der Zustand des Chaos ist
wie der Fluss, der scheinbar ungeordnet und
unvorhersehbar erscheint, aber tief im Inneren gibt es
eine Ordnung, einen Rhythmus und einen natürlichen
Ablauf. Wenn du deinen Geist vollständig öffnest und
diese innewohnende Ordnung akzeptierst, wirst du
erkennen, dass Chaos keine Gegenkraft zur Ordnung
ist, sondern eine in sich geschlossene Realität mit ihrer
eigenen Ordnung und Regeln.

Der Schüler dachte einen Moment nach und sagte:
Aber Meister, wie kann ich die Ordnung im Chaos
erkennen und verstehen?

Der Meister lächelte und sagte: Lasse deine
Erwartungen und Annahmen los, tauche in das Chaos
ein und spüre die verborgenen Muster und
Zusammenhänge, die sich in jedem Moment
offenbaren. Anstatt das Chaos als Widersacher zu
betrachten, sieh es als Freund, der dir hilft, zu wachsen
und dich an ständige Veränderungen anzupassen.

163

Ein Schüler kam zum Meister und verkündete stolz:
Meister, die Wissenschaft hat so viele Wunder der Welt
entschlüsselt und wird unermüdlich weiter forschen,
um alles, was verborgen ist, ans Licht zu bringen. Gibt
es überhaupt noch etwas jenseits der Wissenschaft zu
entdecken?

Der Meister lächelte und führte den Schüler zu einem
großen Baum im Garten. Er zeigte auf die zahlreichen
Blätter und Äste und fragte: Kannst du mir sagen, wie
viele Blätter und Zweige an diesem Baum sind?

164

Ein Schüler kam zu seinem Meister und klagte:
Meister, ich kann in der Nacht nicht schlafen, mein
Geist ist voller Gedanken und Unruhe. Wie kann ich
Frieden finden und Schlaflosigkeit überwinden?

Der Meister hörte aufmerksam zu und führte den
Schüler zu einem kleinen Wasserfall im Wald. Er bat
den Schüler, sich auf einen Stein in der Nähe des
Wasserfalls zu setzen und sagte: Beobachte das Wasser,
wie es fließt und auf die Steine trifft. Lass den Klang
des Wassers deine Gedanken fortfegen.

Der Schüler tat, wie ihm aufgetragen wurde, und
verbrachte mehrere Stunden dort, beobachtete das
Wasser und lauschte den Klängen. Als die Sonne
unterging, kehrte er zum Meister zurück und berichtete
von seiner Erfahrung.

165

Ein Schüler kam zum Meister und sagte: Meister, ich
strebe danach, in allem, was ich tue, der Beste zu sein.
Ich möchte ein Höchstleister sein und alles Mögliche
erreichen. Was kann ich tun, um dieses Ziel zu
erreichen?

Der Meister führte den Schüler zu einem Feld, auf dem
viele Pflanzen wuchsen. Er zeigte auf eine kleine
Pflanze und eine große Pflanze, die nebeneinander
standen. Was siehst du?, fragte er.

166

Ein Mönch wanderte entlang einer Straße inmitten der Stadt, umgeben von Lärm und der Geschäftigkeit des Alltags. Die Menschen drängten sich vorbei, Autos hupten und Kaufleute priesen ihre Waren an. Und doch schien der Mönch inmitten des Chaos völlig unberührt.

Unter einem blühenden Kirschbaum fand er einen ruhigen Platz und setzte sich nieder, um zu meditieren. Diejenigen, die vorbeigingen, bemerkten seine Haltung der Ruhe und Stille und fragten sich, wie er so gelassen bleiben konnte.

Der Mönch spürte das geschäftige Treiben um ihn herum und lächelte, denn er wusste, dass er einen Weg gefunden hatte, die Ruhe im Chaos zu entdecken. Er verstand, dass es der endlose Fluss des Lebens war, der alles zusammenhielt, und dass er durch seine Atmung und seine Präsenz dem Stress des Alltags entkommen konnte.

Frühlingsmorgen
Kirschblüten fallen
Ruhe im Chaos

167

Ein Schüler kam zum Meister und fragte: Meister, ich möchte ein erfolgreicher Influencer werden und viele Menschen inspirieren. Wie erreiche ich das?

Der Meister führte den Schüler zu einem blühenden Feld, auf dem ein einzelner, prominenter Baum stand. Der Meister sagte: Sieh den Baum im Feld.

Der Schüler bemerkte die Blicke der Passanten, die den Baum bewunderten und sich in seinem Schatten niedersetzten.

Der Meister fragte: Was können wir von diesem Baum lernen?

168

Ein Schüler näherte sich seinem Meister und sagte: Meister, manchmal werde ich gelobt und manchmal getadelt. Wie kann ich mich von Lob und Tadel lösen und mein inneres Licht finden und bewahren?

Der Meister führte den Schüler in die Nacht hinaus unter den Sternenhimmel und sagte: Betrachte den Mond, der dort oben scheint. Er verändert seine Form, wächst und schwindet, und doch bleibt er immer der Mond. Schatten und Wolken ziehen vorbei, aber sie können das Licht des Mondes nicht auslöschen.

Vergiss nicht, dass du, wie der Mond, ein inneres Licht hast, das unabhängig von Lob und Tadel besteht. Lass die Meinungen der Menschen kommen und gehen wie Wolken am Himmel, aber erlaube ihnen nicht, dein inneres Licht zu trüben. Raum und Zeit verändern alles, nur dein wahres Selbst ist unvergänglich.[33]

---

[33] S.a. den Abschnitt *Klassiker* (S. 204) in diesem Buch.

169

Ein Schüler trat vor den Meister und klagte: Meister,
ich habe so viele Weisheiten gehört und gelesen, aber es
erscheint mir oft, als wäre es nur alter Wein in neuen
Schläuchen. Wie kann ich Neues lernen und mich
weiterentwickeln?

Der Meister führte den Schüler in den Weinkeller. Er
zeigte auf die alten und neuen Fässer, gefüllt mit
verschiedenen Weinen. Sieh, sagte er, auch wenn der
Wein alt ist, können neue Schläuche ihm eine
besondere Note verleihen, die Qualität erhöhen und
neue Geschmackserlebnisse ermöglichen.

170

Ein junger Reisender suchte den Meister auf und
sprach: Meister, ich liebe es, die Welt zu erkunden und
stets in Bewegung zu sein. Aber manchmal fühle ich,
dass ich meine Wurzeln und meinen Halt verliere. Wie
finde ich das richtige Gleichgewicht?[34]

Der Meister führte den jungen Reisenden zu einem
Baum, dessen Wurzeln tief in die Erde ragten, während
seine Äste sich frei im Wind wiegten. Der Meister
sagte: Sieh diesen Baum – Seine Wurzeln sind fest im
Boden verankert und geben ihm die Stabilität, die er
benötigt. Gleichzeitig sind seine Äste beweglich und
flexibel, sie lassen sich von den Launen des Windes
tragen. So finde dein Gleichgewicht zwischen Mobilität
und Wurzeln, zwischen der Freiheit, die Welt zu
erkunden, und dem Halt, der dir Stärke und Stabilität
verleiht.

---

[34] Diese Frage bekommt mit den Trend *#workation* eine
besonderes Gewicht. Wenn ich, einem Nomaden gleich, mal
hier, mal dort arbeite, wenn ich Orte nutze, um mich zu
erholen und zu arbeiten, aber für den Ort selbst und die
Gemeinschaft an diesem Ort, die sozialen Gefüge, keine
Verantwortung übernehme, wer bin ich dann?

171

Ein besorgter Schüler näherte sich dem Meister und sagte: Meister, ich grüble ständig über die Zukunft und das Morgen. Ich versuche, alles zu planen und zu steuern, aber ich finde keine Ruhe. Was kann ich tun?

Der Meister nahm den Schüler mit in den Garten, wo sie den Sonnenaufgang beobachteten. Als die ersten Sonnenstrahlen den Himmel erhellten, sprach der Meister: Sieh, wie der neue Tag langsam erwacht. Das Morgen kommt von selbst und lässt sich nicht erzwingen. Unsere Aufgabe ist es, im Hier und Jetzt zu leben und offen für die Chancen des Morgen zu sein, ohne uns von der Angst vor dem Unbekannten lähmen zu lassen.

172

Ein Schüler trat vor den Meister und sprach: Meister, die Welt ist heutzutage so volatil, so unsicher, so komplex und mehrdeutig. Wie soll ich mich in dieser Welt zurechtfinden und meinen Weg gehen?

Der Meister führte den Schüler zu einem kleinen Bach, der sich seinen Weg durch das zerklüftete Tal bahnte. Er sagte: Betrachte diesen Bach, wie er sich trotz aller Widerstände stetig und beharrlich durch das unberechenbare Gestein windet.

173

Ein Schüler kam zum Meister und sprach: Meister, ich stehe oft vor Entscheidungen, bei denen ich mir unsicher bin, welchen Weg ich einschlagen soll. Wie treffe ich kluge Entscheidungen inmitten der Unsicherheit?

Der Meister führte den Schüler zu einer Weggabelung im Wald und sagte: Sieh hier die zwei Pfade, die sich vor uns erstrecken. Keiner von uns weiß, was uns auf jedem Weg erwartet, aber wir müssen dennoch eine Wahl treffen.

174

Ein Schüler trat vor den Meister und fragte besorgt:
Meister, in einer Welt, in der Ungerechtigkeiten und
Grausamkeiten vorherrschen, wann ist es an der Zeit,
sich zu wehren?

Der Meister führte den Schüler zu einem kleinen
Bambushain und zeigte auf die schlanken Schösslinge.
Als der Wind wehte, bogen sich die Bambusstängel
sanft.

175

Ein Schüler näherte sich dem Meister und fragte: Meister, wie kann ich meine Sprache so gestalten, dass ich keinen Menschen ausschließe?

Der Meister antwortete: Steh auf und komm mit mir, um einen Stein zu beobachten.

176

Strenge Worte fliegen
Schatten treffen Herz und Geist
Wolkentraum zerbricht

Die scharfen Klänge der durch den Friedhof wehenden
Meeresbrise, begleitet von raschelnden Blättern und
flüsterndem Gras, tauchen meine Sinne in ein Meer der
Kontemplation. Ich wandere ziellos entlang des Weges,
der sich wie ein Gewirr zwischen vergessenen Gräbern
und verwitterten Steinen schlängelt. Hier, in dieser
Oase der Besinnung, vereint mit der schroffen
Küstenlandschaft, beginne ich, angeregt durch die
Lektüre von «Worstward Ho»[35], über das Leben
nachzudenken.

Die verwitterten Steine, auf denen die Namen der
Verstorbenen eingraviert sind, heben sich ab gegen das
strahlende Blau des Himmels und der Weite des
Ozeans, der sich am Horizont verliert. Sie erzählen
Geschichten von der Vergänglichkeit des Lebens, von
der unausweichlichen Konfrontation mit dem Tod, und
erinnern an jene, die ihren eigenen Kampf gekämpft
haben und gegangen sind.

Beckett erforschte in seinen Werken das Absurde, den
Humor und das menschliche Ringen in der
existenziellen Isolation. Hier, auf dem Friedhof, wird
mir seine Philosophie bewusst. Der Tod ist ein
unvermeidliches Schicksal, das uns alle erwartet,
genauso wie die Sonne, die letztendlich hinter dem
Horizont untergeht, um am nächsten Morgen neu

---

[35] Samuel Beckett, Worstward Ho: Aufs Schlimmste zu,
Suhrkamp, 1989.

aufzugehen. Diese Erkenntnis lässt mich über das Leben sinnieren – über das, was das Dasein lebenswert macht.

Ich lausche dem Rauschen der Wellen und spüre die Sonnenstrahlen auf meiner Haut, während ich über existenzielle Wahrheiten nachdenke, die alle Menschen miteinander verbinden und ihnen gleichzeitig die Kraft geben, sich den Herausforderungen trotz der Unausweichlichkeit des Todes zu stellen. Der Friedhof ist mehr als nur ein Ort der Trauer und Stille; er ist auch ein Ort der tiefen Selbsterkenntnis und scharfsinnigen Beobachtung.

Vielleicht ist es die Verbindung zwischen Leben und Tod, das Ineinandergreifen von Vergangenheit, Gegenwart und Zukunft sowie die Unmöglichkeit, die Welt stillstehen zu lassen. Die Zeit geht weiter, und wir können nur versuchen, das Beste daraus zu machen, bevor wir uns der endgültigen Stille hingeben.

Indem ich den Friedhof am Meer, inspiriert durch Beckett, betrachte, gewinne ich eine tiefere Einsicht in die menschliche Erfahrung und fühle eine tiefe Verbundenheit mit all jenen, die ebenfalls nach Antworten in einer Welt suchen, die verwirrend wie faszinierend ist. Zusammen mit den Seelen, die hier zur letzten Ruhe gebettet sind, schreite ich auf dieser Erde als Mensch voran, dem bewusst ist, dass der Tod unvermeidlich ist, und versuche, diese Erkenntnis zu nutzen, um die Schönheit und das Absurde im Leben zu schätzen und anzunehmen.

178

Auf einem unbedeutenden Hügel in der Nähe meines Zuhauses verweile ich, umgeben von einer Landschaft, die sich mit den Jahreszeiten beständig verändert. Hier fühle ich mich dem Mythos von Sisyphos verbunden, dessen ewiger Kampf mit seinem Felsbrocken ein Sinnbild für die unausweichliche Wiederholung menschlicher Anstrengungen ist.

Die Sonne brennt unnachgiebig auf mein Haupt, während ich die schier endlose Aneinanderreihung von Aufgaben betrachte, die mein eigenes Leben geprägt haben. Mühselig wie der Pfad von Sisyphos haben meine Hände und mein Geist gleichsam Steine gewälzt, die von den Bergen des Scheiterns und des Triumphs stammen.

Mühevoller Aufstieg
Stein rollt, vom Schicksal gesandt
Verzweiflung trifft Mut

Der Schweiß fließt auf mein Gesicht, der Atem kurz und stockend. Doch inmitten der Erschöpfung spüre ich eine seltsame Befriedigung, in der Wiederholung eine Kraft zu erkennen. Wie Albert Camus einst so treffend bemerkte, müssen wir uns Sisyphos als glücklichen Menschen vorstellen, der trotz seiner vermeintlichen Qual unermüdlich weitermacht. Und so, in der immanenten Absurdität meiner eigenen Existenz, vermag ich ein Lächeln zu finden.

179

Herbstlaub fällt sacht
Zeit vergeht, Stille nähert sich
Letzter Atemzug

Klassiker

Das innere Licht
ist jenseits von Lob und Tadel
grenzenlos wie der Raum[36]

---

[36] Das Koan lädt dazu ein, unser urteilendes Bewusstsein zu befragen, zu hinterfragen. Und es ermutigt uns, uns von der Vorstellung zu entledigen, das wir jemand seien, der das Eine oder das Andere verdient hat. Den Wert der Dinge als gut oder schlecht einzustufen entbehrt jeglicher Grundlage. Alle Phänomene sind leer.
S. a. Kodo Sawaki, Zen ist für nix gut – Kommentare zum Lied des Erwachens (Shôdôka) von Yôka Daishi, Angkor, 2016

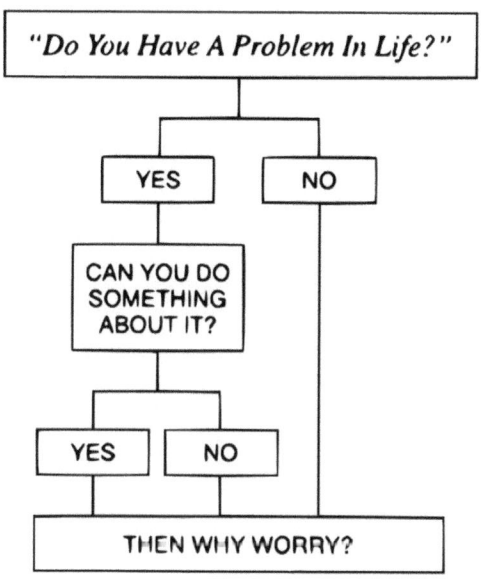

Nachwort

Mit diesem Buch haben Sie sich auf eine besondere
Reise begeben – eine Reise zu sich selbst. Zugleich
halten Sie mit diesem Buch ein Werkzeug in Händen,
das Ihnen dabei hilft, eine andere, vielleicht neue
Perspektive auf Ihr Leben und Ihre Herausforderungen
zu gewinnen.

Die Koans, die Sie in diesem Buch finden, sind keine
Fragen, die man mit einem einfachen Ja oder Nein
beantworten kann. Vielmehr sind sie ein Werkzeug, um
tiefer in Ihre eigene Wahrnehmung und Ihr Verständnis
von der Welt um Sie herum einzutauchen.

Die Koans in diesem Buch sind keine Antworten auf
die großen Fragen des Lebens, sondern vielmehr ein
Weg, um die Fragen selbst zu verstehen. Es geht nicht
darum, die Rätsel zu lösen, sondern darum, Ihre
Perspektive zu erweitern und zu vertiefen.

Die Koans, die ich in diesem Buch versammelt habe,
laden Sie ein, sich von Ihren gewohnten Denkmustern
zu lösen.

Das Lesen und Meditieren über diese Koans kann
Ihnen helfen, Ihre eigenen Erfahrungen und Einsichten
zu vertiefen und sie dabei unterstützen, Ihre eigene
Wahrheit zu entdecken. Die Koans sind kein Lehrbuch,
das Ihnen eine bestimmte Ideologie oder Heilslehre
aufzwingt, sondern sie sind vielmehr ein Spiegel, der
Ihnen ihre eigene Natur und ihr eigenes Potenzial
aufzeigt.

Die Wahrheit, die Sie in diesem Buch finden, ist nicht
im Buch selbst, sondern in Ihnen. Die Koans sind

lediglich der Auslöser für Ihre eigene innere Weisheit und Intuition. Nutzen Sie diese Gelegenheit, um tiefer in sich selbst einzutauchen und um sich auf den Weg zu machen.

Ich wünsche Ihnen viel Freude bei der Lektüre und hoffe, dass die Koans Ihnen eine wertvolle Orientierungshilfe auf Ihrem persönlichen Weg bieten.

Den Koan-Texten habe ich Haibuns und Haikus an die Seite gestellt. Diese traditionellen japanischen Formen der Lyrik tragen dazu bei, die Gedanken und Betrachtungen der Koans zu vertiefen und zu ergänzen. Sie laden ein, innezuhalten und den Moment zu genießen, sich auf das Wesentliche zu besinnen und die Schönheit der Natur und des Lebens zu schätzen.

Die Haibuns und Haikus in diesem Buch sollen jedoch nicht nur als Lückenfüller dienen. Sie sind in sich selbst bedeutungsvoll und helfen Ihnen, Ihre Gedanken und Gefühle zu klären und Ihre Wahrnehmung der Welt um Sie herum zu schärfen. Sie können Ihnen helfen, sich mit der Natur und mit Ihrem innersten Wesen zu verbinden und Ihre eigene Kreativität und Ausdrucksweise zu entfalten.

In diesem Sinne wünsche ich Ihnen alles Gute auf Ihrem Weg.

Die Idee des Koan

Eine mögliche Vorlage für ein Koan stammt aus der daoistischen Lehre von Yin und Yang.

Yin und Yang versinnbildlichen sprachlich die erfahrbaren Gegensätze dieser Welt, wie beispielsweise männlich und weiblich, Frühling, Sommer, Herbst und Winter, Sonne und Mond, Vergangenheit und Zukunft, oben und unten.[37]

Aufgrund des hierarchisch geprägten Verhältnisses im Zen (wie auch in vielen anderen Lernumgebungen), ist in den Koans das zentrale Motiv die Unterweisung eines Schülers durch seinen Lehrer.

Ich habe diese Struktur beibehalten, um nicht die Intention und den Ursprung des Werkzeugs zu kaschieren. Im Gegensatz zum chinesischen Original (Chán Buddhismus), zeichnet sich der Zen Buddhismus durch strenge, disziplinierende Übungsformen, aus, was sich eben auch im Männerbündischen[38] und Hierarchischen[39] widerspiegelt.

Und dennoch, oder trotzdem schreibe ich dem Koan das Potential zu, für das es erfunden wurde: Ein Mittel

---

[37] S. Peter Widmer, Koanarbeit und Satori im Prozess der Symbolisierung, http://www.zen-integral.com.

[38] S. a. Klaus Theweleit, Männerphantasien, Rowohlt, 1987.

[39] Die Schattenseiten des Zen-Buddhismus beschreibt Brian Victoria in: Zen, Nationalismus und Krieg – Eine unheimliche Allianz, Theseus, 1999.
S. a. Colin Goldner, Fall eines Gottkönigs, Alibri, 2008

der Inspiration, der Meditation und der Überwindung des starren, rationalen Denkens.

Bei der Koanarbeit überträgt sich das „Unsagbare", „Absolute" immer wieder von neuem auf ein anderes Wort oder eine Tätigkeit, die wir im Alltag wiederfinden. Von „MU" auf den Eichbaum im Garten, den hochgestreckten Finger, auf das Essen des Frühstücksbrötchens, die Klobürste, Autofahren, den Computer starten, soziale Interaktionen, das Zuhören, das Sprechen, das Gehen, das Suchen, zwischenmenschliche Konflikte, etc. Kein Bereich des Alltags wird dabei ausgespart. In der Koanarbeit sind wir immer wieder von neuem aufgefordert, dieses „Unsagbare", „die Einheit der Welt" durch unser alltägliches Handeln präsentativ zum Ausdruck zu bringen. Damit ist die Arbeit mit dem Koan ein kultivierter, dialogischer Transfer, eingeübt zwischen Lehrer/in und Schüler/in vom Sitzkissen in den banalen Lebensalltag. Jedes Symbol, das wir im Alltag verwenden, ob sprachlich oder nicht-sprachlich, wird zum Übungsfeld, um aus der universalen Verbundenheit aller Dinge zu agieren, egal mit welcher Situation uns der Alltag überrascht.[40]

---

[40] Peter Widmer, ebd.

GROB Magazin

Das Magazin als Buch widmet sich der Leichtigkeit in Text und Fotografie.

Bisher erschienen

GROB #001 - Über die Nonchalance des Moments
GROB #002 - Schnittkontinuum – 36 Kata von Ischgl
GROB #003 - Digital Trash Punk
GROB #004 - Was bleibt
GROB #005 - Kleines Webcam-Brevier
GROB #006 - Geisterbilder | Geistertexte
GROB #007 - Deutscher Realismus

http://www.grob-magazin.org
GROB International - Internet-Fotografie
GROB International - Aviation

GROB Fotoessay

Nr. 1: Ordnung
Nr. 2: Stille
Nr. 3: Dickicht
Nr. 4: Versuch über den Winter
Nr. 5: Commuting | Pendeln
Nr. 6: Große Ebene
Nr. 7: Versuch über das Vergehen der Zeit

GROB Buch

Borderline – Strategien und Taktiken für Kunst und soziale Praxis (Kongress Reader)

Trashpavilion – Produktion und Selbstorganisation im künstlerischen Milieu – Ein Selbstversuch

Wiesbadener Raum

Coaching – Notizen. Gespräche . Reflexionen

metalabor vier – Reader

Radical Dude Society

Bilder aus Erinnerung (2. Auflage)

Rapporte

Anweisungen für den Coach

Coaching – Aufzeichnungen . Notizen . Tagträume

Sammlungen des Selbst

Das Zeitalter der Ziege

metalabor sieben – Reader

Orientierungshilfen

Über den Autor

Seit mehr als 25 Jahren übt Sascha Büttner die Profession des Coaches sowie des Trainers in der Arbeitswelt aus, ist Taijiquan, Tai Chi und Qigong Praktizierender und meditiert seit seinem vierzehnten Lebensjahr. Zudem betätigt er sich als Fotograf, Herausgeber und Autor.

Sascha Büttner gründete und betreibt das *metalabor*, einen der kleinsten, deutschsprachigen, Think Tanks.